人に育てられて生きる

社会が子どもの学校だ

浅野中学・高等学校校長
淡路雅夫 著
Masao Awaji

社会評論社

まえがき

私は、生徒の時代から数えますと浅野学園にお世話になって以来、約半世紀が経ちます。その間、浅野学園にかかわる人に育てられて、今日を迎えることができました。とくに、浅野学園の建学の精神である「九転十起」「愛と和」の志をもった先生方や先輩諸兄から多くの影響を与えられました。思うようにいかないことも数えきれないほどありましたが、そのたびに目をかけ、声をかけていただきました。そうしたご支援があって、今の私があるのだと思っております。

浅野学園は、進学校です。しかし、知的能力を高めるだけではなく、人として強く、たくましく育てることを指導方針とした学校です。進学校として教科学習の成果を上げている学校は、たくさんあります。しかし、浅野学園では、人が育《はぐく》まれてきた学力は、人の育成につながるものととらえています。それは、浅野学園の創立者・浅野總一郎翁の生き方からもみられるように、人は社会に活かされて一人前になるという確信から生まれたものです。浅野生は、一生懸命社会のために働き、努力・精進を怠るなということです。社会貢献するために、知識や知恵を使いなさいということなのです。教育の最終目的は、自分で生きる力をつけることであり、それが浅野学園の教育目標にほかなりません。

教員は指導者であるといわれますが、私にとっては、指導者は生徒諸君やご父母のみなさんです。そして、子育てについては、私自身の家庭環境のなかで、女房やわが子からも気づかされることがたくさんありました。戦前のように「家」制度があるわけではありませんから、夫婦で自分たちの子どもの「子育て方針」を決めていかなければなりません。私自身の育てられ方と女房の育ち方の調整が、まず必要になりました。核家族の抱える課題です。

生徒諸君やその家族からも教えられました。子どもを自立させるための家族の愛情とは何か。あるいは、子どもを自立させるための親子のかかわり方、そのときの夫婦関係なども勉強になりました。今は親になっている卒業生諸君を見て、生徒だったときの親御さんの姿とが重なって、脳裏に浮かんできます。核家族の脆弱《ぜいじゃく》さが話題になる世の中ですが、自己の生き方、いや育てられ方によりどころをもっている人たちは、安定した家族関係を築いているように感じられます。

私が校長職を預かるようになってから、いろいろなところでお話する機会ができました。その内容の多くは、教員として人として、体験・経験させていただいたフィールドで、私が気づいたこと、気づかされたことばかりです。突き詰めていえば、人というのは、自分で学んでいるように思えて、実は人に育てられていることが多いのだ、ということなのです。

私の話を聞いてくださった方々から、子育ての意味や子どもへのかかわり方などについてまとめてほしいというご意見をいただくようになりました。私も人に育てられて生きてきましたから、子どもを元気に育てるための親子のかかわり方、家庭のあり方について、お役に立てるならばと、まとめたのが本書です。子育てのなかにいる親御さんたちや子どもたち自身に、本書が少しでも参考になれば幸いです。

目　次

Part II

PartⅢ

PartⅣ

Part I
人に育てられて生きる

段取り人生がはじまった

これから少し、私が学生の頃のことを書かせてもらいます。それはその頃の体験が、今私が教師をしている原点になっていると思うからです。

私が小学生だったときに、母親は病気がちで寝たり起きたりといった状態でした。父親は技術屋のサラリーマンで、夜遅いことが多いのです。私には弟が一人いますが、家事の多くを私が引き受けなくてはなりません。昭和27~28年のことですから、電気釜がやっと普及してきた時代に、料理や掃除、洗濯を私が中心になってやっていました。まだ小学生ですから、遊びたいさかりです。しかし、私が遊んでいたら家族がご飯を食べられません。

学校から帰るとすぐに買い物かご（当時は買い物をするのに、各家庭に買い物かごがありました）をもたされて、買い物に行きました。でも近所のおばさんが一緒に行ってくれました。そして買い物のコツを教えてくれるのです。魚は目の色を見て買うんだよ、キャベツは重いものを買いなさい。肉は色を見て、というようにです。近所の人たちは、淡路さんとこの息子だということで、いつも買い物に連れて行ってくれました。

そういうなかで学んだことが、段取りということでした。遊びたいのに、掃除もしなければならない、洗濯もやらなければいけない、いろいろ家事もしなければいけない、という状態で、自分の時間をつくるためには、何かと段取りをしなければいけないことに気づいたのです。ですから、今でも私は段取り人生じゃないかと思っています。

小学生といえば多感な時期です。私は身体を動かすのが好きでしたから遊びたいのですが、なかなか遊ぶ時間はつくれません。そんな私に近所の人たちがいろいろなサポートをしてくれました。おかずを少し余分につくったからといっては、もってきてくれました。

そういうような状況のなかで、知らず知らずのうちに、人に助けてもらって生きているということ、人に何かしてもらって生きているなということ、それがありがたいという思いとして生まれてきていました。

それと同時に、家族というのは喧嘩《けんか》をしてしまうと、葛藤《かっとう》です。食事もまずくなってしまいます。とくに、核家族のような家族ってむずかしいなあ、という思いもずっとしてきていたのです。

恥ずかしいということ

私は小学生のとき、学校ではちょっと腕白《わんぱく》でした。どんなことがあったのかお話ししましょう。私が小学3年生まで、担任は菅野という女の先生でした。父親と母親を早くに亡くして、お兄さんと二人きりの先生でした。その先生が、「淡路君遊びにいらっしゃい」と自宅に呼んでくれるのです。私は喜んで行きました。呼んでもらってお宅にいる間はいい子です。しかし、帰ってきて次の日に学校へ行きますね、そうすると腕白をやるわけです。それで立たされて、叱られます。

なんでいい子にしていられないのかと、今の子と合わせて考えてみたことがありました。当時の私としては自分自身の愛情不足といえばいいすぎかもしれませんが、癒《いや》してもらいたい、支えてもらいたいという気持ちがあったのだと思うのです。家に帰れば、母親は必死ですからああしろこうしろと私にいいます。夕食が終わって茶碗なんかを片づけてテレビを観ていると、テレビを観る前にやることを全部片づけてしまいなさいといわれます。まだビデオのない頃ですから、そのときに観ていないと終わってしまうわけです。

母親には、私が帰ってきたら掃除をさせて、買い物に行かせて、食事の用意をさせて、とスケジュールができているのですから、それが次々に出てくる。こっちにしてみたら、ゆとりなんてまったくないのです。子どもとしてのゆとりなんかなくて、子どもの世界はなくなってしまい、家に帰れば大人と同じ扱いになってしまうのです。近所の葬式にも家を代表して出たことがあるくらいです。

そういうときに、学校に行って、菅野先生が「淡路君……」と声をかけてくれるのです。声をかけてくれることが喜びだったし、先生のお宅へ電車に乗ってときどき遊びに行かせてもらう。それが当時の私にとって、何よりも楽しみだったのです。

学校にいると40数名のクラスメイトがいるわけです。そうすると、先生は私のところにだけ集中してはくれません。めだたなければならないので、何かといたずらをします。先生は、「淡路君、何やってるんですか」と叱ります。それが、私には叱られている意識がありませんでした。だから、そこで癒されていたのかなと思うのです。

4年生になって担任が柏木という男の先生に変わりましたが、大柄で細かいことはあまり気にしない先生でした。5年生のときに、担任だった菅野先生が同じ小学校の小池先生と結婚して転校することになりました。その転校先の学校で出火したことがありました。近所の学校だから火事見舞いに行こうというときに、私はさっと手を挙げました。もちろん、菅野先生に会いたかったからです。

そのときに「恥ずかしいな」と、柏木先生にいったのです。先生は、「悪いことでもしたのか」って聞きました。私は、「いたずらはしましたけれど、悪いことはしていません」っていいました。そうしたら、先生は、「人というのは犯罪をしたり、うそをついたり、そういう悪いことをしていなければ、恥ずかしいことはないのだよ」といってくれたのです。

それで、私は自信をもってお見舞いに行きました。
行きましたら、菅野先生が出てこられて「ああ来てくれたの。ありがとう」とやさしい声で迎えてくれました。とてもうれしかった。これが、私の小学校時代に他人に迷惑をかけなければ自分の思ったことはやってみようという大きな体験になったのです。

赤十字と青少年赤十字（JRC）

昭和32年に、浅野中学校に入学しました。そしてボランティア活動をやろうと思いました。私は、身体を動かすことが苦になりませんから。私がクラブ活動に選んだのは、JRCです。JRCとは青少年赤十字のことで、Junior Red Crossの略です。青少年赤十字とは何かを説明する前に、まず赤十字の誕生についてお話ししなければなりません。

今からずいぶん昔の話です。1859年の6月、イタリアは戦争の真っ最中でした。その頃のイタリアはいくつかの国に分かれていました。そのうちのひとつ、サルジニア王国はイタリアを統一しようとしてフランスのナポレオン3世と連合し、イタリアを統治していたオーストリアと戦争をはじめたのです。

フランスとサルジニアの連合軍は15万人、オーストリア軍は17万人で戦われ、その戦いは1カ月も続けられました。とくに北イタリアのソルフェリーノという小さな村が中心となった戦場では、12時間も両軍の兵士たちの殺戮《さつりく》が行われました。戦場には負傷者や死者がいっぱいになり、軍医や衛生兵の数は少なく、救護しても自国の兵士たちだけを手当てしていました。

ソルフェリーノが戦場になっている頃、その村の近くのカステリオーネという町に、アンリー・デュナンというスイス人が来ていました。デュナンは自身が経営する事業への援助をナポレオンに頼みに来ていたのです。そのとき、デュナンはこの戦争に大きな衝撃を受けるのです。見渡す限り死体と負傷者ばかりの光景が、眼前にあったのです。デュナンは、両軍の兵士たちを平等に救護しました。

「同じ人間同士じゃないか。負傷して戦えない兵士に、敵も味方もありはしない。同じ人間だから助けなくてはならない」

このときのことがデュナンの人生を変えることになりました。デュナンはスイスのジュネーブに戻り、『ソルフェリーノの思い出』という本を書き上げました。そこには次のような提案がありました。

《戦場で負傷した兵士を敵味方の区別なく救護するために、各国で民間の救護団体を前もって組織しておくこと。

その団体が戦場で安全に活動が行えるように、国際的な取り決めを結んでおくこと》

『ソルフェリーノの思い出』が出版され、人々に読まれはじめると、ヨーロッパでものすごい反響が生まれました。やがて、著名人や国王の心をも動かしていったのです。そして、4人のジュネーブ市民がデュナンに協力し、1863年2月17日に「5人委員会」が設立され、初めての会合がもたれました。この日が赤十字の誕生日となったのです。

「白地に赤い十字」の印は、5人委員会の人たちが全員スイス人だったことから、スイスの国旗の赤と白を反対にしたものになりました。この印が、救護団体の施設や人を保護する印となりました。

また、「赤新月」といって白地に赤い月が描かれた印もあります。これは、トルコの国旗の新月を白地に赤く描いたものです。白地に赤十字は、キリスト教の十字架をイメージすることから、イスラム教徒の心理を考え、新しくつくられたのです。

現在、赤十字は180カ国以上に組織されている民間の団体となっています。

だいぶ赤十字誕生の説明が長くなりましたが、私がかかわる青少年赤十字の母胎ともいえるものですので、そこからお話をしなければならなかったのです。

そして青少年赤十字ですが、第一次世界大戦のときにはじまります。1914年から1918年の頃です。ヨーロッパが戦場となって、戦争に巻き込まれた少年少女や傷病者のために、カナダ・アメリカ・オーストラリアの学校の先生と生徒が品物を送ろうと考え、文房具やクリスマスカード、下着や励ましの手紙などが送られました。

先生や生徒は、これらのものを戦場となった町や村へ送るために赤十字社にお願いしました。戦場で苦難をしいられる人々への援助に対して、赤十字社は協力を約束したのです。

第一次世界大戦が終わると、平時の活動を中心とする赤十字社連盟ができました。これが現在の国際赤十字・赤新月社連盟です。第一次世界大戦のときに活動した青少年のことを考慮して、連盟は、若い人たちに赤十字の精神を理解してもらい、「世界の平和と人類の福祉に貢献できるよう、日頃から望ましい人格と精神を、自分でつくり上げてもらいたい」と考え、世界の国々の赤十字社に青少年赤十字の活動を行うように、と勧告しました。それが１９２２（大正11）年のことです。

日本の青少年赤十字は１９２２年に少年赤十字団という名称で、滋賀県守山小学校に生まれました。戦後は、学制改革があり組織を改めつつ、１９４８（昭和23）年からふたたびスタートしました。

青少年赤十字が学校教育のなかに取り入れられはじめた頃、つまり１９２０（大正９）年前後は、新しい教育運動が起こっていました（ＰａｒｔⅢで浅野学園が創立される頃のことを書きましたので参照してください）。大正自由教育もその一環としてありました。そして、その新しい教育運動のリーダーの一人にジョン・デューイがいて、彼の周りの人たちが提唱した主張がありました。

《① 児童の人権を認識するとともに、青少年期は単なる大人になるまでの準備期間ではなく、その時期を、独自の価値をもった存在としてとらえることが重要であること。

② 同時に、新しい時代は、知識のみの教育ではなく、実践と体験を主体とし、自主的な内からの興味と欲求にもとづいて、もっと人間的に、自然に、効果的な教育を行うことが大切である。

③ しかも、実践することによって興味は広がり、自然に知識への欲求が強化されるという良い意味での教育の循環が図られる。

④ 「人間は真空のなかでは育たない。人間のなかでこそ育つ」という考えは、教育の場を学校のみにとどめず、家庭はもちろん、学校を足場として、地域社会から全国、さらに世界へと、可能な限りの拡大を必要とする。》

この主張を、中学生の私がしっかりと理解してJRCの活動をしていたかどうかはさだかではありません。しかし、活動するなかで、少しずつその精神が培われていったということはあるでしょう。なぜならば、現在でも私はＪＲＣにかかわっていますし、私にとって教育をする基になっていることはいうまでもないからです。

ただ、その頃は生徒として何ができるかを、ＪＲＣのなかに見つけだしていたのです。

ＪＲＣの活動から学んだこと

当時ＪＲＣで何をやっていたかというと、どこかで災害があったら募金活動します。募金をするときも、集めたお金がどんなふうに使われるのかを支部に聞きに行きました。あこんなところに使うのだと納得して、それではしっかりやらなくてはと思いました。ですから、今でも募金をするときに、金額の多い少ないは関係ありません。募金の目的は、被害者の状況とこのお金がどういった人にどういうふうに使われるかを、みんなに知らせることが募金なのですよ、ということを意識してやっているわけです。

活動のひとつとして神奈川県にある母子寮へ慰問に行くことがよくありました。ここにいる子どもたちのお母さんは昼間働いていますから、私たちが子どもたちと遊びます。小学生の子と草取りをしたり、清掃をしたり、ときには勉強を教えたりという奉仕を行うのです。そして、お母さんが帰ってくると、私たちも帰ります。子どもたちといろいろなことをしながら、私は自分の家族のことを考えていました。

私には両親がいる。寝たり起きたりだけど、いつも傍《かたわ》らには両親がいるではないか。この子たちは、お父さんが亡くなったり、お母さんが離婚したりして母と子だけなのだ。まさに家族というものの課題を目の当たりにしたわけです。私はこの課題を自分の問題としてとらえていました。

私の小学生時代、みんなから野球をやろうよといわれても、家に帰らなければなりません。でも、私は野球好きの少年でしたから、3回に1回は遊んでしまいます。家の前に立って玄関を開けて、「ただいま」っていうと、買い物かごが飛んでくることがありました。「誰が食事をつくるの」ってことになるわけです。そうだな、おふくろは寝ているのだから、自分のできないことをぼくに託しているのだ、しょうがないと思って「はい」と返事をして買い物に行くと、近所のおばさんたちが「ごくろうさん」「がんばってね」と声をかけてくれました。こういう人たちがいなかったら、おそらく反発していたでしょう。

今は、そういう癒す言葉も人もいないところに、普通の子どもでさえ、個人主義ではなくて孤立主義になっている感じがします。私は、おかげさまで近所の人たちに励まされながら、小学生時代を過ごすことができました。

そして、中学生になってからJRCの活動にかかわることで、そうした自分と母子寮の子どもたちとの問題を家族問題としてとらえることができたのです。母親と子ども二人だけの世界があるのだということを見せつけられて、母子寮から帰ってから、あの子はどんな思いでいるのだろうかと、中学生ながらに感じたのです。

母子寮で行うことは、みんなのためにというよりも、自分のできることをやる、それが当たり前なのだという発想になっていきました。だから今まで、人のための活動を人のためにやっているという発想をもったことはありません。

九州への修学旅行を計画して

中学時代の勉強面に関しては、成績はあまりよくありませんでした。ＪＲＣのクラブ活動や学校行事中心の生活でしたから。私には、赤点をとらないように、つまり50点以上をとっていればいいという頭がありましたし、当時の浅野学園は、今のように猛勉強するような進学校ではなかったのです。１学期に70～80点とる、２学期は行事が多いので勉強する時間がなくて、40点、50点と下がってきます。３学期は短いし、行事がないから、そこでまた少し勉強します。平均するとだいたい60～70点になるわけです。ですから勉強のほうはめだちません。中間テストが終わると学級集会が行われ、親に成績が渡されます。私のところは父親が出席してくれました。父親が戻ると、いわれることは決まっていました。「担任の先生は、よく気がつく生徒だが、といって成績を返された。今学期は努力をしたかね」ということです。最初は怒られるのがこわくて、「はい！」と答えていましたが、学年が上がるにしたがって、このごまかしに耐えられなくなり、「今学期は努力が足りませんでした。次はがんばります」と答えるようになりました。たとえ点数が上がっても、これでは実力がつくはずがありません。成績は上がったり、下がったりです。

しかし、浅野学園での中学生・高校生としての生活面ではめだっていました。高校生になったとき、私は生徒会の役員に立候補して副会長になりました。文化祭の委員長にもなりましたし、修学旅行の実行委員長にもなりました。

当時は高校の修学旅行は東北へ行っていました。しかし、前の年に先輩たちが北海道へ変更したのです。私は秋だったら九州のほうがいいのにと思いました。秋に北海道は、寒いからです。生徒のなかには、北海道行きに賛成する者、九州行きに賛成する者がありましたが、私は九州行きに賛成する者の代表として、先生方を説得する準備をはじめました。まず、九州各県の観光課に手紙を送り、資料を集めて、歴史や産業、観光地などを調べました。そして各県ごとに整理し、日程や交通手段、コースなどをまとめた修学旅行のプランをつくったのです。それを当時の校長先生だった神名勉聰《かんなべんそう》先生のところへもって行きました。

「君、これ自分で調べたのかね」

「はい、修学旅行ですから、なるべく自分たちで何を勉強してくるか調べました」

「そうか、わかった。職員会議にかけて先生方の意見を聞いてみるから」

といってくれました。私は職員室の前で1時間くらい会議をしている間、待っていました。会議が終わって、神名先生が職員室から出てきて、

「君、認めてもらったよ」

といってくれたのです。

ただし、10日間は長いから秋ではなくて春に、学年の終わりと春休みにかけて行くようにしよう、ということになりました。

福岡の太宰府、熊本、長崎、鹿児島、宮崎、大分と一回りしました。10日間もの長旅ですから、校医さんも同行してくれました。担任の三堀先生が高齢のため、「淡路君、ぼくは行けないよ」というのです。当時は、定年がありませんでしたから。そこで、その後5代

目校長になられた山口敬三先生が一緒に付き添ってくれることになりました。ただし、「淡路君、ぼくは代行だよ。だから君がしっかりやるんだよ」といわれました。それで私は、旅行委員長とともに、クラスの担任代行までやったのです。いい体験をさせてもらいました。

そのときの体験で、生徒の立場からもあまり長い修学旅行はダメだな、長すぎては生徒も先生もたいへんだなと思いました。今でも、長い修学旅行は賛成しません。高校生のときの体験で長い修学旅行は、研修にも観光にもならないと知ったからです。

行動することからすべてがはじまる

卒業式のときに、高校生徒会長が高校3年生への送辞を読みます。高校3年生がそれに対して答辞を読むわけですが、私が高校2年生のときに、送辞を読むことになってしまいました。

卒業式の前日に、教頭の村上栄一先生から「淡路君、ちょっと来てくれ」と呼ばれたのです。

「実は、明日の卒業式のことなのだが、君に送辞を読んでもらいたい」

というのです。事情もわからず、とにかくすぐに送辞の原稿を下書きしました。それを、その場で教頭先生が手直しをしてくれました。そして、翌日の卒業式で、無事に大役を果たすことができたのです。後でわかったのですが、実は生徒会長の送辞に問題があり、結局、生徒会長が役を降りてしまったため、私にその役が回ってきたのです。

このように、いろいろな体験が人とのつながりを多くしてくれて、自分がそこで体験したことによって（もちろん失敗したこともありますが）、自分を大きくしていってくれたのだと感じるのです。いつも、何かを行動することによって、多くのものをもらってきたと思います。

級長、副級長や実行委員長。それに生徒会副会長体験が、淡路は〈行事のときに中心になる男だ〉、という先生や先輩たちへの印象づけができたのです。でも、その見返りが必ずありました。先生とのつながりができ、先輩とのつながりが生まれます。そういう体験が、大人になって、社会に出たときに、まず人に引き回してもらえるのであり、そのことが幸せなのだと思いました。

ですから、私は後輩たちを紹介するときに、「先輩、この男をお引き回しのほどよろしく願います」という声をかけます。この先輩に助けてもらうのだぞ、という意味で声をかけるのです。

何か行動することが、苦痛ではなくなる、自然になってくるという状況のなかで、中学校・高等学校を過ごしてきました。そして、いろいろな人と付き合うことによって、今でいういろいろな生きる力を教えてもらい、学ぶことができました。それは教科書にはない知恵、生活の知恵だったのです。

昭和36年に、小田実さんが『何でも見てやろう』という本を書きました。この本に、私はいたく共感し、何度も読み返しました。一方で大学紛争のはじまる時期でした。しかし、大学紛争のほうへは関心はいきませんでした。とにかく自分の生活のなかで、何かできることをやることが自分の役目なのだ、という考え方でしたから。

小学生のときに、女の先生、男の先生に出会って、その指導から、人と触れ合う先生っていいいな、人に教えることもできるし、自分も考えることができるし、将来の夢としていちばんいいのは多くの子どもとかかわれる先生だなっていう気持ちが、この頃から生まれていました。

常に意識して自分探しをしてきた

知恵というものは、現場でひらめくものだということが、小学生時代からの考え方といいましょうか、私の生き方だったのです。常に何かに関心を向けていれば、考えていれば、そこから生まれてくるものがあるということです。

そうした生活のなかで、いろいろなことに気づくことが大切です。そして気づいたことを実践するためには計画を立てなければいけません。それは、教科書には書いてないことです。生活のなかで考える企画力というものを考え出していくのです。想像していくということが必要になります。そして、次の行動として自主性とか尊重、積極性とかがそこに膨《ふく》らんでくるのです。

ものごとを実行するには勇気がいります。そうした勇気は、過去に体験したことが自信となって、行動できるようになっていきます。ですから、私は常に意識して自分探しをしてきました。

自分にできることは何かな、自分にできないこと、自分のよいところ、自分のいやなところは何かな、という自己評価をするのです。私は人とのコミュニケーションをとりながら、人に何かをしてあげること、何かをして喜んでもらえることに、自分を見出したのだと思います。

そして、何かをしようと思ったときに、時間がない場合には、今何をしておかなければならないのかを予見しながら、今やるべきことを考えるという習性が自分のなかにできあがっていったのです。

浅野学園を卒業するときに、学園生活は謳歌したけれども、勉強のほうは必ずしも十分ではなかったと思いました。そのとき向学心が沸いてきていました。大学へ行って勉強したいと思い、両親にお願いしたら、私の願いを聞き入れてくれました。サラリーマンの家庭だったのですが、ありがたかったと、今になっても両親に感謝の気持ちでいっぱいです。

大学では図書館から講義に出た

当時、教員になる人の多かった國學院大學の法学部に合格してからは、勉学に励みました。毎朝9時には、図書館に行っていました。図書館に荷物を置いてから、講義に出たのです。

1日の1時間目、3時間目、5時間目と講義があれば、2時間目のときに図書館に戻ってきて、1時間目の復習をノートに書き留めるということをしました。つまり、図書館を軸にして、図書館から講義に出るというスタイルです。ですから講義のないときは、いつも図書館にいました。

教室に入ると、どの先生の講義も一番前で聴いていました。先生方の研究室にも行って、講義以外のお話もうかがいました。そんな折に、佐藤隆夫先生と出会うことになりました。佐藤先生は東北大学の「家族法の父」といわれる中川善之助先生のお弟子さんで家族法の専門家でした。私は、家族問題を研究したいと思っていましたから、家族の勉強を佐藤先生と一緒にできたらいいなあと思っていたのです。

そして、さらに国語辞典の編纂で名前だけ知っていた金田一京助先生と出会う機会が訪れました。金田一先生は、アイヌのユーカラを研究していて、フィールドワークをもっとも大事にされている研究者です。前年度の各学部の成績上位者が呼ばれ、激励を受けるパーティーの席上で、金田一先生に声をかけられました。金田一先生は佐藤先生の漁業家族の研究を知っておられて、

「淡路君、君は佐藤先生と家族問題を勉強しているらしいが、現場を大事にしなさいよ。学問は、現場をよく観察することですよ」

といってくれました。このパーティには、大学の各学部の大家の先生方が出席され、私たちを励ましてくれるのです。金田一先生には、毎年お会いし、お話をうかがうのが楽しみでした。家族問題では、すでに柳田国男先生が、農業家族をフィールドにしていましたから、佐藤先生は、漁業家族に注目していたのです。

その佐藤先生から、「淡路君、家族問題の調査に行くけれども、日本全国の漁業地域を一緒に調べないか」といわれました。これが私と佐藤先生との長いお付き合いになったのです。そして、漁業家族の調査のために、私がマネージメントすることになりました。佐藤先生との漁業家族の法社会学的研究は、その後10年あまり続くことになります。

現場から学ぶことの大切さを知った

まずはじめたのは、現地との連絡をとることでした。それから役所との連絡、調査地にある大学との連絡をとることが私の役割でした。北海道は有珠《うす》山から南は奄美大島までです。その頃は、まだ沖縄は返還されていませんでした。この研究は、家族法というよりも法社会学的な発想で家族のあり方をとらえようという考え方で、東京大学で法社会学の理論構築をした川島武宣先生の影響を強く受けました。各漁業地域の家族に関する風俗や慣習の調査・研究をしたのです。

調査は、山形県酒田市の飛島からスタートしました。飛行機でのルートはまだなかったので、船に乗っていくしかありません。そういう現場でもって、何が大切かということ、つまり気づく力が養われていきました。

あるところの一軒で、「おばあちゃん、家族は何人ですか？　おばあちゃんはどんな結婚をしたんですか？」と聞きます。最初は話に乗ってくれません。なんとか話のきっかけをつくって訊ねると、「この村（集落）のなかで結婚してね」と話してくれます。話のなかには、内婚制度やもらいっこ制度とか、家族の慣習、祭りごとなどが盛り込まれています。それを聞いてきて、宿に帰り、記録を整理していくのです。その調査の記録を私がまとめ、質問の仕方などを工夫することになりました。

当時社会学学会では、漁業家族というテーマの研究が少なかったものですから、私のまとめた論文（國學院大學日本文化研究所の研究論文集）がめずらしいということで、学会誌に紹介されました。このことがあって、伊藤幹治先生が私を日本文化研究所に紹介してくださり、堀一郎先生にも指導を受けられるようになるのです。

伊藤先生は、当時、國學院大學で柳田国男先生に師事され、文学部と日本文化研究所で研究と教育に携わっておられたのです。堀一郎先生は、柳田国男先生の娘婿さんです。堀先生は、宗教学・宗教社会学を専門とされていました。人間が生きていくうえでのテーマとして、人間と信仰ということも、重要な課題だということを教わりました。私は法学部に入りましたが、家族問題に関心をもち、フィールドを大切にして家族法を学んでいるうちに、多くの先生方に巡り会い、その人たちに育てられ、いつしか家族問題も学際的なものの考え方へと広がっていったのです。

伊藤幹治先生は、國學院大學から国立民俗博物館の開設準備をかねて関西に行かれて研究を続けられ、東京へ戻ってこられてからは名誉教授になり、成城大学にある民族学研究所の所長をされ、平成20年度には第18回南方熊楠賞を受賞されました。

幼児教育へのかかわりが生まれた

私には大学時代の恩師としてもう一人、小川清太郎先生がいます。小川先生も家族法を専門とされ、家庭裁判所の調停委員をされていました。小川先生には、身内に障害をもった方がおられて、家族福祉についても研究されていました。そして、調停委員も同時にされていましたから、生きた家族問題の情報に基づいて研究することができました。

つまり、家族の変遷が身近なもの、現実のものとして先生の周りにあったのです。國學院大學には幼稚園教員養成所があり、先生はそこでも指導されていました。親子の問題がこれからますます大事になる、ということがわかっていましたから、いちばん小さい幼児の指導をされていたのです。

私も将来、子どもを育てる職業にと思っていましたから小川先生の研究者として、また教育者としての姿勢に触発されました。

幼稚園の先生になるには保母試験があり、保母の免許をとるには児童福祉法の学習が必要になります。そこで、家族問題のなかの児童福祉について、児童福祉法の解説をしながら、子どもの育て方について小川先生と一緒に指導することになったのです。

当時の若い女性は、ただ子どもが好きだからというだけで、幼稚園の先生になろうとしていました。子どもがかわいいということは大事なことですが、それと子どもを教え育てることは違う。先生とは何かを考えなさい。ただ子どもがかわいいだけじゃだめだよ、といって先生育ての協力をはじめたのです。

自分の力を蓄積していくことが大事だった

私は、将来やはり先生になりたかったし、先生を目指して勉強をしていました。しかし、それにはできるだけ自分が豊かでないと、人とのかかわりのなかで、相手に啓発できないだろうと思っていました。そして、その相手とは、私の場合には子どもとのかかわりということになるのです。

人がいて、いろいろな生徒がいて、そういうなかで、それを受け止めて、相手のドラマを受け止めて、そして相手に何かを啓発する、これが自分の生き方だなということがわかってきました。しかし、私には相手を理解するための知識が少ない。そこで大学で法律（家族法）を学ぼうとしました。ところが、法学部に入って、法解釈ばかりを勉強していると、人間の生活が見えてきませんでした。そこへ佐藤隆夫先生との出会いから、フォークロア（民俗学）やエスノロジー（民族学）を勉強し、フィールド・ワークを通して現場で気づくことの大切さを学ぶことができました。そして、さらには、小川先生が、家庭裁判所の調停委員をされていたことで、現実の社会の出来事から家族問題をとらえることができました。ただ知識を引き出しに入れるのではなく、社会のなかの勉強が必要だということが、はっきりと自覚されていったのです。

友人の存在も忘れてはなりません。浅野学園の中高時代に、すばらしい友だちができました。その友人は、私の相談役であり、飲み友だちであり、家族を一緒にしたお付き合いをしています。自分のもっていないものを、サポートしてくれる友だちが傍らにいるということは、ありがたいことです。大学時代も、多くの友人に支えられ、また、教師になってからも支えられています。図書館関係の友人は、何か調べごとがあれば、電話1本で協力してくれます。大学の先生方とも交流が広まり、専門分野以外のことでもご指導を受けることが多く、友だちや先生方から育ててもらっているという考え方が、強くなっていったのです。

このように、私は人との触れ合いのなかで、自分をとにかくたくわえて、自分の力を蓄積していくことが、いかに大事かということを身体に染み込ませていきました。

Part Ⅱ

浅野学園の現場から

浅野学園に勤めることになった

國學院大學のマスター（修士課程）が終わって、その次を目指そうとしていたときに、浅野学園の村上栄一先生から電話がかかってきました。村上先生は、当時教頭をされていましたが、私が浅野学園の生徒のときに国語を教えてもらっていた先生でした。授業中に涙を流しながら文学を語ることもあり、話に引き込まれていくという情熱的な授業でした。

村上先生は、浅野学園の卒業生でもあり、國學院大學の大先輩でもありました。私が浅野学園を卒業してからも、先生はときどき國學院大學に来られ、大学の近くにある和風喫茶に私を誘ってくれました。この菓子屋は、志賀直哉も通ったというお菓子屋さんで、お抹茶を出してくれ、和菓子を食べながらお茶をいただくお店です。ここで、近況などを話していました。村上先生は、國學院大學へは教員の採用などで来られていたようでした。

電話をいただいたのは、3月の29日、朝7時半頃でした。

「淡路君、今日ちょっと空いているかい。空いていたら、学校へ来てほしい」
というのです。それで、浅野学園に行き、浜野駿吉校長先生に会わせられたのです。浜野先生が
「君は今何を研究しているのか」
と聞くので
「家族問題です。離婚における財産分与についてです」
といって、説明をはじめました。浜野先生はじっと聞いてくれていましたが、専門は生物なので、あまりこまかい話ではなくコンパクトにまとめて話をしました。話が終わると
「4月7日が入学式なので、8日からよろしく願います。あなたは、ここの卒業生ですね、後輩の面倒を見るわけだから、頼みますよ」
とこうです。
実は、その年に採用していた先生が「政治経済」の教科を教えることになっていたのだけれど、他の学校へ行かれてしまった、ということでした。急なことで授業に穴を開ける

わけにいかないので、どうしようかと考えたところ、村上先生の頭のなかに浮かんだのが淡路がいるではないかということになったわけです。

私は、どちらかというと浪花節で育った人間で情にもろいほうです。いつも周りの人たちに助けられて育ちましたから、人と人との触れ合い、つながりを大事にしてきました。こういう状況になって、正直断われません。このとき、浅野学園に勤める決心をしました。

豊かさとは何かを教えてくれた先輩の先生

私にとって、学校は特別であり、教師は聖職である、という発想はあまりありませんでした。専門が社会科で政治経済の授業をやるわけですから、視点は社会のなかの学校という考えでした。その頃はまだ昭和40年代でしたから、子どもが社会へ出て行くのには、社会のなかで育てられなければならないという発想がありました。私自身が、そのように育ちましたし、そういう自分を踏まえた考え方だったのです。そして、いよいよ浅野学園へ教師として通うことになりました。

当時の学校のスタッフは、ベテランがほとんどでした。先生方は、公立で名を成したり、大学の先生であったりという人が来られて教えていたのです。フランス語の大家が英語を教えていたり、大学の教授が藤原定家や『源氏物語』を講義していました。そういう名物先生がスタッフでした。他校を経験せず、直接入ってきた先生の第一号が私でした。

みな中堅以上の先生ですから、私とは歳がかなり離れていました。私の机は、職員室の入口にありました。そして、机の前には、湯飲みやお茶の道具が置かれていました。今でも朝は早いほうですが、朝学校に行くと先生方の来られるのを待って、お茶の準備をします。先生方が職員室に入ってこられると、それぞれの湯飲みにお茶を入れてお盆に乗せると、先生方のところを回って湯飲みをとってもらいます。朝のうちのもうひとつの仕事は、昼食の注文をとることでした。大学では、指導教授の講義が終わると研究室に一緒に戻って、先生が手を洗い終えると、私が手ぬぐいを出してお茶を出す、という秘書のようなことをしていましたから、苦にはならないのです。

あるとき、社会科の先生に誘われて日本橋に行ったことがありました。日本橋に行くなんてことは、めったにないことでしたから、少し興奮気味で行ったのを思い出します。先生は、高島屋のデパートでスーツを仕立てていて、仮縫いにお付き合いさせられたのです。スーツはバーバリーでした。

「君の給料じゃ買えないよ。でもね、豊かさっていうのは、これをたくさんもっているのではなくて、こういうのを一着もっていればいいんだ。これをたくさんもっていたら、豊かさがわからなくなってしまう。だから、君は将来一着こういうのを買えるようにがんばるんだよ」

といわれました。社会科の先生ですから、いわれたことに重みがありました。帰りに、鰻屋に連れて行ってくれました。おいしかったですねえ。鰻の味も忘れることができませんでしたが、先生にいわれた言葉も心にずしんときていました。

それから十数年経って、バーバリーのコートを買いました。今でも大切にもっています。1年に1回か、2回、何かのセレモニーなどのときに着ることにしていました。すでに高度経済成長期になって、みな、ものが買える時代になっていましたが、そのコートを見ると、豊かさとは何かを教えてくれた先生のことを思い出すのです。自分らしい、いいものを一着もつということ。そういう生き方が大事だということが、頭のなか、身体のなかに染み込んでいきました。豊かさとは、なんでもたくさんあればいいということではないよ、という。

そういう先生たちの場にいるのですから、度胸がいりました。でも、自分が指導してもらったように、子どもたちにもやってやりたいなという気持ちもますます強くなっていきました。だからこそ、自分を磨かなくてはいけない、という思いがどんどん外へ目を向けることになっていったのです。そういう状態で、浅野学園での教員の仕事がはじまっていきました。

今も、若い先生に「子安村に住んでいる意識ではダメだぜ」といっています。外へ目を向けて、外と自分との違いをしっかり受け止め、自分らしさを伸ばしていってほしいということです。（注・浅野学園は神奈川区子安台にあります）

自分の問題、課題は自分の頭上にある

子どもを見ること、観察することは、わざわざ面接をしなくても一緒に歩いているときにもできます。朝の登校時、駅から学校までの7～8分の短い時間でも生徒と話す機会はあるのです。

「ずいぶん早いなあ」

「ええ、高校2年生になりましたから」

「そうか、君は時間の使い方、切り替え方をうまくやっているな」

つまり、彼はクラブの部長になったばかりなのです。それで人より早く学校に来て勉強して、クラブ活動の時間をじっくり使おうとしているのです。

「学校の行事もあるからな、時間を大切にしなさいよ」

と声をかけて、これが私の対話です。ところが、彼がちょっと下を向いて、クラブの部

長になったはいいけれども、調子が悪そうだ。そんなときは「あせるなよ。みんな同じような経験をしてきたんだよ。先生だって、昔やったときはたいへんな思いをしたんだぜ。部長になったからって、みんながチヤホヤしてくれるなんてありえないんだよ」

「そうですよね」

こうした短い、わずかな会話でも生徒に触れ合い、コミュニケーションができてしまいます。だから、さあ面談やるぞといって、面談しなくても目をかけていれば、すぐに情報の変化が頭に浮かんできます。

生徒は家でいろいろなドラマを体験して学校に来ています。一見ニコニコしているようでも、元気そうに見えても、そこには必ず何かがあるはずです。思春期にいつもニコニコしている子どもはいません。そのようにしているだけです。この時期は必ず何かの葛藤《かっとう》をもっています。浅野学園は男子校ですから、彼女の問題もあるだろうし、宿題のこと、家族関係、経済的な問題も出てくるでしょう。そうしたことは、子どもの行動や目を見てい

たならば気づいてくることが多いのです。そういうときに
「どうしたの、元気ないじゃないか」
と、ちょっと声をかけてやれば生徒も受け取り方が違います。面と向かって面談だよと
いわれるよりも、自然なかたちですから。
「いやなんでもないです」
最初のうちはみなそういいます。生徒にとって大事なことは、先生が自分に目を向けて
くれている、関心をもっているというだけでよいと思うのです。でもやっぱりおかしいな
というときに
「何かあるんじゃない」
「いや、じつは」
そう切り出してきたときに聞いてやればいいのです。すぐに答えを出す必要はないので
す。私はいつも生徒に
「自分の問題、課題は自分の頭上にあるよ、その答えは足下《あしもと》にあるのだよ」

といっています。つまり、他人に聞いて解決できる場合もあるけれど、多くの場合は自分で解決しなければならないからです。そして、自分に足りないところをフォローしてくれるのが友だちであり、先生なのだということです。生徒だって一所懸命考えているのですから、まず私たちはそれを受け止めてやることが大切だと思うのです。

思春期の生徒たちには、葛藤の経験と、それを乗り越える力を養ってあげることが大事だと思います。だから、簡単に答えを出す必要はない、と思っているのです。

不確実な世界だから、マニュアルを超えなければ

ある女子中学校の入学試験で、〈あなたがこれまで何かに取り組むときに、見当をつけて行った経験を80字以上１００字以内で説明しなさい〉という問題を出したことがありました。私はこの問題を見たときに、すごい問題を出すなあと思いました。そして、この問題は就職試験に出してもいいなと考えました。私が就職試験をするならば、

「あなたは中学時代に何をやりましたか」

と聞きます。

「サッカー部の部長をして、全国大会へ行きました」

そんなことは聞いてはいません。サッカー部で君は何を啓発されたのか、自己変容したのか。サッカーをやってきたけれど、試合に出ると負けてきた。それでもいいのです。とにかく、やるだけのことをやれば結果が出るということに気づきました。優勝か3位かは、実力の違いもあるでしょう。チーム力の違いっていうのもあります。しかし、やればそれなりの結果が出ることに気づいたという、そこが大切なのです。

サントリーという会社では８０００枚のエントリーシートが来るそうです。それを担当者が2〜3カ月かけて80枚にして面接をすると聞いています。そこで残った人は、今話したような人たちですね。あれをやった、これをやった、ということではありません。つまり、自己変容できる人です。何かに気づいて、自分が変えられる、学ぶ力をもっているということです。

何かにぶつかったときに、どうしたらいいのか、今何をしなければならないのか、何ができるのか、という意思をもっている人は会社にとって貴重な人間ですから。そのとき、多くの人たちは指示されるままに育っているから、マニュアルがないとどうしたらいいかわからなくなってしまいます。不確実な世界で、マニュアルなんてあるわけはないのです。私は、いつも生徒にマニュアルを超えようといっています。

マニュアルというのは、同一社会の手本であり、見本です。時代が変わってきたならば、時代が不確実になってきたときは、今の状態でもってどうしたらいいかを考える習慣をつけていなければなりません。そうでなかったら、どんなに知識をもっていても、君らは活かされない。自分の力で考えて発表するときに、英語や国語や数学や社会や理科の知識がようやく活かされるのだ、ということです。

ラグビー部の生徒の話

クラブ活動で大会に出て得た勝利の冠が、大きいのか小さいのかは別です。ラグビー部の生徒のこんなエピソードがあります。

練習したものが試合に出せなくて負けてしまった。なんで練習したものが試合に出せなかったのだ、といって試合のあったその日に浅野学園のグラウンドに帰ってきて、昨日やった練習をもう一度やり直したそうです。高3の引退試合でしたが、彼らは、これがおれたちの引退試合だ、といって涙を流したとクラブ顧問から報告がありました。このことが教えてくれているのは、3位でもどん尻でもいい、自分たちがやった練習を試合で出せたかどうかが大切なのだ、ということです。

そのラグビー部で、私が3年間担任した私立文系の生徒がいます。その生徒が、ラグビーを6年間やってきたけど、なかなか勉強がはかどらないというのです。私は、君は雨の日も風の日も、あれだけラグビーをやっていたじゃないか、あのエネルギーはどこへもっていったんだよ、といいました。彼は、はっと気づいたらしく、勉強に取り組みはじめました。浅野学園の生徒は、試験の1週間前はクラブ活動をやめさせて勉強させれば、50、60点の点数をとってしまいます。しかし、少し予習と復習をしていれば、80点、90点をとるだけの能力があります。

彼は、一所懸命3教科を勉強していました。そして1年経って立教大学に受かりました。他の仲間は、東大、一橋大に行くからと、浪人しました。彼が立教の1年生の夏頃になって、浪人している仲間から連絡がありました。あの真面目な男が、金髪になっているというのです。9月の文化祭になったら来るだろうと思っていましたが、来ませんでした。

その年も押し迫った12月になってから、ある日の夕方4時すぎに、彼がやってきました。職員室のドアを叩く音がして、どうぞといったら、毛糸のスキー帽を深くかぶった彼が入ってきました。「先生には、お会いしにくいですけれど」というので、「そりゃそうだ君は金髪だからな」といってやりました。椅子に座らせると

「じつは頼みがあるのです。調査書を書いてくれませんか」

「君はりっぱに立教大学へ行っているじゃないか。あのとき、腹を決めて現役で立教へ行く決断をしたんだろ」

「もう一回受け直したいのです。仲間は、ラグビーはやったけど、勉強はやるべきことをやってないといって、チャレンジしています。おれも、浅野生としてこれでいいのかって、ひっかかってしまって」

これか、仲間が夏からおかしいっていっていたのはと思いましたが、それは黙っていました。

「君の気持ちはわかった。でも、むずかしいと思うよ。大学に入学して楽しい思い、いい思いを一回してしまったら、浪人なんかできるわけがない」

「先生がそういうとも思った。でも、おれはそれを乗り越えるから」

そこで私は、

「じゃあ、今すぐ調査書を書いてあげるよ。来春受けてごらん」

というと、

「いや違うんです。立教を辞めて、浪人します。来年の12月にまた来ますから」

私はこれは、本物だなと思いました。

「じゃあ、1年間しっかり勉強してこい。君は浅野生なんだからな」

肩に手をやって、いいました。彼は、「はい」といって帰っていきました。

それで1年経って、12月に彼からの手紙が届きました。封筒に切手が同封されていて、時間がもったいないから、調査書を5通送ってほしいというのです。すぐに送りました。しかし、入試がはじまって2月の終わりになっても、何もいってきません。早稲田大学・慶應義塾大学の入試は2月いっぱいで終わりですから、これはダメだったなと思いました。

忘れもしません、3月8日でした。私は6時頃に学校を出て家に帰りました。そして食事をしていると、「お父さん卒業生から電話ですよ」といわれました。受話器を取ると、電話の向こうで、「もしもし」と低い声がしました。ああ、彼だなとわかりました。元気のない低い声でしたからこれは落ちたなと思いました。普通、浅野生なら、受かりましたって、学校へ来て抱きつくのです。それくらい感動屋さんが多いのです。

「もしもし、どうした」

というと

「おれ、京都に行きます」

というのです。彼は私立文系でしたから、関西の立命館か同志社大学かと思いました。そうしたら

「京都大学の経済学部に行きます。どうせ勉強するのだったら、やるべきことをやろうと思って、数学も理科も勉強しました」

という声が返ってきました。

彼は結局、ドクター（博士課程）までいき、現在研究者になっています。私は、子どもというのは、かかわり方によっていくらでも伸びるということを確信したのです。だから、浅野学園に1学年270人いて、成績が270番だって頭が悪いなどと思ったこともないし、いったことなどありません。君は時間の使い方、生活の仕方に問題がある。それが直

れば、君は変わるよっていいます。先ほどの高2になった生徒が、朝1時間早めに学校に出るということ、そこで時間をつくって勉強していくことが自己変容、つまり自分を自分で成長させていることなのです。

自分を見つめてごらん

担任になってクラスの生徒を育てていくときに、まずいうことは「自己管理をしなさい」です。自己管理というのは、〝今〟というときに、自分のことは自分でやれるようにしなければいけないということです。それをやれるようにするためには、時間の管理をしなければなりません。そして思ったことを相手に伝える自己表現が必要になります。

「みんな、自分の時間を使っているかい」

と生徒に問いかけるのです。自分の時間さえ使えていれば、それが自分らしさにつながるのだ、ということです。

50冊くらいの英語の問題集や参考書を買ってもっている生徒がいました。なんでそんなに多くの参考書をもっているのかというと、その生徒は、最初の10ページくらいやっては、また新しい参考書を買うのです。どうしてすぐ次の参考書になるのか。それは、英語ができる友だちの使っている参考書を見て、自分もそれを使えばできるようになるだろうと思うから、50冊にもなってしまったというのです。

「自分を見つめてごらんよ。自分がどこまでできて、どこからできないかっていうのがわからなかったら、どんな参考書を使ってもダメだよ」といってやります。そして、「いちばん薄い、いちばんわかりやすい参考書、問題集を使ってごらん」と教えます。「こんな薄いのでいいのですか」と必ずいいます。「いいんだ、これを1カ月使って、書いて声を出して覚えなさい。1カ月だぞ」。そうすると、1カ月経って、「やりました」といって来ます。「もう1カ月繰り返してみなさい」となります。

こうしたことで、基礎ができてきます。「先生、わかってきたよ。少しわかってきた。今の授業がおもしろくなってきた」と目を輝かせて話してきました。

つまり、自分はここまでわかっているという基盤、基礎づくりなのです。だから、いつも生徒にいっているのは、自分をよく見つめて自己管理すること。そして時間の使い方です。それから自己表現ができなければいけません。自分のもっている自分の言葉で伝えようとすることが大事です。自分で伝えられなかったら悶々《もんもん》として、ストレスだけが溜まることになります。

休むことは無駄ではない

最近は、小学生・中学生でもストレスが溜まったといいます。そのストレスの解消について、小学生が書いたものがありました。川原に行って、石ころを何十個も投げるとすごく爽快になるというのです。そういうことに気づいた小学生がいます。

私もストレスが溜まるほうでしたから、これにはびっくりしました。今日はストレスが溜まったから、疲れたから寝ていよう、頭にきたから寝ていようではなく、そういうときこそ自分の好きなことをするのがいいということです。本を読むのもいい、ゲームをするのもいい、プラモデルをつくるのもいいでしょう。そうやって、好きなことを必死になって時間を過ごすことで解消できるというわけです。

高校3年生に、こんなことがありました。10月、11月、とくに11月の終わりくらいになるとすごくストレスの塊になります。受験生だから、いろいろなプレッシャーがかかってくる頃です。

そんなときに、「君は早稲田へ行きたいのだろう。だったら早稲田大学のキャンパスへ行ってきなさい。そこでぶらぶらしてきたら」と声をかけると、「先生冗談いうな。担任がそんなことといってたら、おれは落っこちてしまうじゃないか」と怒ります。だけど、1日失った時間のように思うかもしれないが、早稲田大学へ行って、おれはここに入るために勉強しているのだ、という気持ちになれば、明日からモチベーションが上がるんだよ、と話しました。彼はいわれた通りに行きました。そして、行ってきてよかったといいました。

勉強の疲れが出ているのに、さらにむち打つかのように自分を追い込んでいる生徒もいます。そういう生徒に対しては、「君は疲れているのだから、日曜日は勉強するな。遊びの時間にしろ、運動の時間にしろ」といってやります。「先生、そんな時間ないですよ」という返事がかえってきます。そうすると、呼び出してテニスやろうよと声をかけ、テニスをするわけです。

参考書をもってきて、テニスをしようとするから、「参考書は置いてきなさい、今日は勉強のことなんか忘れろ」といいました。テニスが終わると、「今日は勉強してはいかんぞ、テレビを観てもいいぞ」といってやるのです。そうすると、彼の月曜日のモチベーションが高まっていました。

彼はそれがわかったのです。金曜日くらいになると疲れてくるから、日曜日には休むことを実行していました。休むことは無駄なことのように思っていたけれども、休むことで自分を取り戻しモチベーションを高める生活ができていたのです。

こうしてストレスを乗り越え、自分らしい学習方法、生活リズムを見つけて勉強に取り組んでいった彼らは、早稲田大学や東京大学に進学していきました。

休み時間も使い方で変わる

私は高校3年生を担任して、6回卒業させる機会を与えられました。若い頃は、中3、高1、高2、高3と上がっていくサイクルで卒業させます。そうしたサイクルが当たり前に思っていたとき、校長先生から中学1年の担任をという話があったのです。それまで中学1年生を担任したことがありませんから、勘弁してくださいといって断わったのです。小学校を卒業したばかりの子どもを教えるのは、今までと勝手が違うのでためらいました。

しかし、考えてみれば今まで教えていない学年を担任することは、自分にとってはいいチャンスだと思えてきました。そこで、初心に戻って中1を担任することにしました。私が最初にやったのは、先ほど話した〝自己管理〟です。保護者の方にお願いしました。〈親は子どもに声をかけ、目をかけてくれればいい。手をかけないでほしい。手をかけるときは、危険なことが生じたときだけ。安全が確保されないときだけ〉そのほかは担任に任せてほしいといったのです。

中学生になって、これからの生活は変化が激しくなるからです。だから時間の使い方が大切になります。浅野学園は、6月まではクラブ活動はやりません。夏からクラブに入れます。クラブに加入すると楽しくて勉強する時間がなくなっていくのです。彼らは、小学校時代に学習したたくわえがありますから、中学の授業もこんな程度ならわかるよって油断してしまいます。

入学するときに、繰り上げで入ってきた生徒は、予習をしてきなさいといえば、必ずやってきます。だから、彼らの多くは1学期の間に上位に出てきます。掲示合格で入ってきた生徒のなかには、クラブ活動に夢中で予習、とりわけ復習が怠りがちになります。クラブ活動で時間がなくなるし、疲れるから次第に勉強に身が入らなくなり、成績が停滞したままになります。

浅野学園に入ってきた生徒は、もともと実力がありますから、クラブ活動をしていても勉強ができないはずはないのです。そこで、私がいうのは時間の使い方です。クラブ活動をしたかったら、時間の使い方を考えなさいと。1時間目10分の休み、2時間目10分の休み、3時間目10分の休み、お昼の時間が40分あるけれど20分にして50分使えるのです。

「先生、休み時間はトイレに行ったり、水飲みに行くよ」といいます。トイレに10分間入っていますか、水を10分間も飲んでいますかっていうのです。水を飲んだら友だちと話したりして遊んでいるのだろう。クラブ活動をやるなら人と違う生活をしなければ、1日24時間で勉強する時間はとれないよ、というわけです。

そうしたら、体育が終わるとすぐに教室に戻ってきて宿題とか復習をやりはじめました。夏など教室には冷房が入っていますから、着替えないでいると体が冷えてくるのでようやく着替えて次の時間に出るようになりました。まだその頃は中2から高2まで英数クラスがありました。そこへは1クラスから7～8名ずつ行って、45名になりますが、そのクラスからは倍の人数が英数クラスに入ったのです。

時間の使い方や、段取りの仕方をきちんと指導すれば、子どもはそれに気づいて自分なりの計画をして、メニューをつくっていきます。もちろん、自分で計画が立てられない場合は、相談にのって、自分だけのメニューをつくらせます。そしてきちんとした生活ができ、みんな伸びていくのです。

戦後からの国民意識の変化

学校での指導には、生徒と家庭とのつながりも考えていなければなりません。私が大学時代に家族問題をテーマにして学んできたことは、学校の現場でたいへん役に立っています。子どもの成長にとって、家庭のあり方が影響するのはいうまでもないことでしょう。自分自身が生きていくうえでの基盤としての家族。そこにつくられる家庭の環境は、戦後になっていろいろ変化してきています。その変化は、国民意識の変化につながっているのです。そこで、今の時代にいたるまでの、戦後からの国民意識の変化についておおまかに振り返ってみることにします。

まず、１９６０年から70年代に、今までの伝統的な家族観、生活意識というものが崩れてきます。これが、高度経済成長期です。この時期に、楽しく楽に生活しようという風潮が出てきます。できるだけ苦労しないで、格好よく生きていこうというスタイルが、家庭にどのような影響を与えたのでしょうか。

子どもを育てる教育というのは、どのように育てばいいかを教えることです。その育て方が、今のご父母にどのくらい浸透しているかというと、かなり浸透度が薄くなってしまっているといえます。つまり、昔からある通過儀礼のような儀式やセレモニーが、どんどん薄れていったということです。直接生活に関係しないものは、どうでもいい、という風潮が高まっていったのです。

そういう時期に育った、お父さんやお母さんが、今40代になっています。成長するにあたって、自己を支える伝統的な決まりごとや躾《しつけ》がおろそかにされてきてしまっています。これは、本人が悪いのではなくて、育った時期の社会がそのようにしてしまったともいえるでしょう。知識だけは得ても、生活基準とするところのよりどころがないわけです。ですから、自分の存在さえも脅かしてしまうような時代が、高度経済成長期以降に生まれてきていると思います。

今受験に関する雑誌がたくさん出ています。いろいろな視点をもった雑誌を読んで情報を集めるのはいいことだと思います。しかし、私は受験生の保護者や今どきの親御さんに、自分のフィルターをもっていなければ混乱するだけですよ、と話しています。こっちの記事にはこう書いてある、あっちの記事には違ったことが書いてあった、じゃあどうしたらいいのかってことになります。そうすると、みんながいいといっていることがあったら、みんなやってみようということになりがちです。そこには子育ての本質が見えなくなり、それが子どもに影響してきます。

勉強の方法でも、先ほど書きましたが、できる子が使っている参考書なら、自分の子どもにもいいだろうと同じ参考書を与えてしまう。進度がゆっくりしている子どもには、進度に合わせて学習させていかなければなりません。

子どもを育てるときに、その子どもらしさ、性格のよりどころ、もっといえば自分らしさを、小さいときから少しずつ考えさせ、感じさせ、育《はぐく》んでいくというのが、子どもが成長していくということです。いい換えれば、時間をかけて子どもにかかわり、自信をもたせていくということです。小さな自信から大きな自信へです。

高度経済成長期には、楽しさやおもしろさが中心になってしまっていた。子どもを育てるという環境が家庭のなかに、どれだけあったかということを見直さなければいけないということです。私は、時がすぎればすぎるほどそういうものがどんどんなくなって、欠けていったのではないかと思っています。そうして、あるとき親も孤立し、子どもも孤立していくような事態になって今日まできてしまっているのではないでしょうか。

悪い子もいなくなりました。60年代には悪い子はめだちました。あの子は悪い、ということが見えていました。ガキ大将、非行少年、悪ガキといった名称がつけられていました。時代が変わるに連れて、だんだんと着るものがきれいになり、上級学校にもどんどん進学していき高学歴社会になっていきました。きれいな服を着て、おいしいものを食べて生活しているけれど、真面目さというのがそうした時期に崩壊してきたように思います。

高度経済成長の後、一貫してわれわれの根底に流れているのは、効率性、即効性です。

子育てに促成栽培があるはずがないのです。これが戦後の大きな流れだと考えられます。バブル景気のときもありました。苦労しなくてもお金が儲かります。そんないい生活体験をしてしまったら、苦労して何かをつくりあげようなどということはやりません。

みんなで何かをつくりあげるのではなくて、できあがったものを買って楽しむ。それは、既製品、インスタントの社会に重なってきます。人の生き方がインスタントでできるわけがありません。人の生活がインスタントで楽しくなるわけがないのです。そういう時期がきて、80年代以降、90年代から問題点がでてきてしまいました。

表向きは幸福そうで豊かな家庭生活をしているように見えます。しかし内実は、育てられるべきときに、きちんと育てられていないから、悲劇が親にも子どもにも発生している。それが、現代の家庭の実態であるかのように思えるのです。私は、普通の子どもの家庭から問題点が出てきてしまったことに現代の悲劇性がある、と認識しています。いい子の悲劇です。なぜ今、いい子が突然のように犯罪や非行を起こすのでしょうか。それも、とかく子どもの発達上、反抗期といわれる葛藤の多い時期にです。

女性の社会的地位が向上した

ここで少し女性へ視点を向けて社会を見てみましょう。子どもにとって母親の存在は特別なものがありますが、その母親を考えるときに、社会ではどのような立場に女性があるのかを考えてみることが必要だと思うのです。私が学んだ家族法の沿革を書いてみましょう。そこから女性の地位について知ることができると思います。

日本の家族法は、戦後の民法改正以前までは、前近代的な「家」という団体を中核とした家父長的家族制度が家族関係を規制していました。これが明治31年に施行された明治民法です。家には、戸主という家長があり、戸主には、その家を統率するための特別な権利（家長権）が与えられていました。

たとえば、その主な権利をあげますと、家族が婚姻や縁組をする場合の同意権、家族の入籍・去家、分家などをする場合の同意権、あるいは、未亡人の嫁に対する居所指定権、ならびにその違反に対する離婚権など、男性本位の家族法でした。

戦後の家族法は、日本国憲法の施行に伴って明治民法が改正され、家族関係は新しく「個人の尊厳と両性の本質的平等」に基づいて規律されることになりました。したがって、戦後の家族法は、家督相続に関する一連の封建的性格の規定は廃止され、家族構成員は、それぞれ自由、独立であって、男も女も人格的に平等とされました。

すなわち、夫婦財産関係では、妻の無能力制度が廃止され、また夫婦は平等に貞操義務を負い、その違反者には、平等に離婚原因とされました。さらに、親子関係でも、子の親権は、父母共同で行使することになり、相続もまた、長男による家督相続制から男女の間になんら差別のない均等相続制が採用されることとなったのです。

このように、女性と男性の権利が平等になったのが、戦後でした。先ほど書きました国民意識の変化も、もちろん家族法の改正があって生まれてきていることです。女性も規制から解放され、自由度が増してきました。そこで女性の視点に立って考えるとどうなるでしょうか。

まず、女性も人であるということです。きれいなものを着たいし、おいしいものを食べたい、いろいろなことを楽しみたいのです。社会ではすでにそのような環境が生まれてきていますから。男性だけでなく、女性だってそういうことに目を向けるのは当たり前です。

それでは、女性が社会的に自立して生活するためにはどうしたらいいかといったとき、端的には、家庭から外へ出て行く、つまり仕事をもつことになります。その仕事も、できればきれいな仕事で、お金になる仕事です。仕事をもつようになると、こんどは家庭と仕事とのバランスが必要になってきます。ところが、法律が変わったからといって、人の生活意識がそう簡単に変わるでしょうか。社会や男性のほうの意識がついていかない、育っていないのです。子どもの父母会に父親がどれだけ出ているでしょうか。子どもの具合が悪い場合に父親が子どもを病院に連れて行っている家庭がどれだけあるでしょうか。女性の負担が大きいのが現実です。家事の分担にしても、家事は女性の役割で、男は外で働くものだという意識が相当強く残っていると思われます。男女雇用機会均等法が制定されても、働く人の意識はあまり変わらない。女性の上司の下で働くなんて、たまらないよということになるわけです。それがテレビ・ドラマにもなっています。法律が近代化したからといっても、人間の生活は早急には変わりえないのです。戦後の平等社会での男女関係は、60年経った今日でも、多くの法律や国民の意識が男社会のなかの男女問題として、女性の生き方に負担がかかっているのが実態なのです。

集団生活のあり方が見直されてきている

男女平等が進んだ世の中になっていると思っていても、意識の格差としてのジレンマが高度経済成長期以降流れてきているようです。学校、とりわけ高等学校で平成6年度から「家庭科」が男女共修になりました。しかし、そこでは料理をつくる技術よりも、男性の意識を変えることをしなければなりません。家庭とは何かということ、家にいるということは、ドイツ語ではzu Hause seinといわれ、「憩う」という意味です。それを、日本では家にいること、家庭生活に憩うという意味がどれだけ意識されているでしょうか。戦後の日本の家族関係をみると、とりわけ核家族（夫婦家族）が多くなり、家族は空気のようなものともいわれ、結局、家族を壊してしまっているのです。

それはなぜなのでしょうか。奥さんも旦那さんも、家庭という土俵の上で、コミュニケーションでもって場をつくっていくというトレーニングが、日本にはなかったからです。どこで接点をもちながら、家庭という二人のベース、土俵をつくったらいいのかというトレーニングがなかったのです。

最近は、「私たち結婚します」といっても仲人さんもいなくて、みんなの前で宣言するだけです。70年代に成田離婚というのがはじまっています。新婚旅行に行って、その間に二人の考えが合わないことがわかって、帰ってきたら離婚です。合わせるすべも、二人はしていないのです。

あるいは、たまたま雰囲気として好きだから「一緒になろうか」といって、同棲する。同棲はしているけれど、帰ってくる時間はバラバラです。彼女は、料理を彼氏につくれというけれど、「おれは料理なんかしたことないよ」といってつくろうとしない。そのうちに子どもができちゃった。「おれは子どもの面倒を見られないからな」ということになってしまう。二人の間には、同じ家庭という土俵で接点をもって生きていこうという意識が欠落しているから、なんでここで二人が一緒に生活しなければならないのかってことになる。結婚したら二人が共同生活して、最初から意思が通じるわけがありません。家族の脆弱さが問題になった背景です。いわずもがな、戦後離婚増加が急速にはじまってきました。そういうなかで、次第に女性は結婚を遅らせ、自分の生き方のキャリアデザインをはじめてしまっているのです。だから男性が結婚しないのではなくて、女性が結婚をしないから男性の相手がいないわけです。

しかし、そういうことを乗り越えた男女は結婚をしています。だから、私は若い頃から、性格の一致で結婚するなんていうことは、ありえないよといっていました。兄弟姉妹だって性格の一致なんてありえないのですから。どこかで共通点を見出したところに家庭の土俵が生まれて、それが生活のなかで広がっていくというのが私の考えなのです。

生活のなかで家庭というのは創造されていきます。そういうつくりあげるという労が、高度経済成長期にはできていないということです。家庭で台所に立って、料理をつくるなんてことは、面倒臭くてできないよ。お総菜屋さんがあるじゃないか、そこで買ってくればいいさとなるわけです。家族の機能の外部委託の増加がみられていると思います。

自分が生活するのに必要なものはいくらでも市場で用意してくれています。家族の社会的孤立化をあおったのは、個人主義、個人の尊重の理念だったのではないでしょうか。そうした流れが、80年代から90年代だったのです。それじゃあいけないということで、人との触れ合いづくり、共同体づくり、コミュニティーづくりがはじまり、そして集団生活のあり方が今見直されてきているのです。

親があっても子が育たない

今の家族は、一人っ子が多くなっています。親は子どもが宝物だから、大事に大事に育てて、子どもの意思を問わずに、すべて親が決めてしまいます。だから、子どもは指示待ち人間になる傾向があります。自分のもっている持ち物すら管理できない。自分が壁にぶつかったら乗り越えることもできません。

学校では、子どもたちに集団生活になじませるように、クラブ活動を重視したり、行事のなかでそれぞれに役割を与え、責任をもたせてトレーニングしています。子どもたちを次へステップさせるための動きが、ようやくはじまってきています。

かつて私が小学生の頃、近所のお母さんたちに教わったように、社会が教育をしてくれていました。教育を家庭教育とか社会教育とかに分けたのは、戦後からです。それで、学校が重視されてきてしまいました。しかし、子どもは社会でも育てられなければならないし、家庭でも育てられなければならないのです。

昔は、親がなくても子は育つといいました。それは、サポートしてくれる親代わりになる大人たちが社会にたくさんいたからです。「お兄ちゃん、そんなことやっちゃあだめだよ」「ここは危険だからよそで遊びなさい」と声をかけてくれる大人がいました。親がいなければ、家で食べていきなさいといって、食べさせてくれて家まで送ってもくれました。周りには、いつもそうした大人がいたのです。

テレビの番組に「鶴瓶の家族に乾杯」があります。先日、長崎を訪ねていましたが、地元の人たちが鶴瓶さんを温かく迎えている情景を映し出していました。番組を観ながら、私が昭和39年から40年代に漁業地域の調査をやっていたときのことを思い出していました。

私が調査に行くと、「どちらからお出でになった」と聞くのです。「横浜からです」というと「ああそんなに遠いところから」といって家に上げてくれました。都心では、高度経済成長期に「水を一杯飲ませてください」といっても、飲ませてくれるような家はありませんでしたし、ましてや、警戒して家に上げてはくれませんでした。

漁業地域の調査には、静岡、茨城、千葉などさまざまな漁村へ行きました。行けば、どこでも「家で飯食っていきなさい」といってくれました。その後も交流が続いている家もあります。これが、世間に目を向けて、つまりは社会が人を育てるということではないでしょうか。今は、親があっても子が育たないのです。子どもや親の孤立化が進んでいくのです。

そうした過程で子ども世界というものが、消えてきてしまいました。かつては、「おまえはまだ子どもなんだから」といった親らしい発言がありました。ところが、高度経済成長期になると、親子がお友だち関係になってしまいました。統計にも、お友だちのような親がいちばん理想的だと出ています。

お友だち親子の親からは、社会性を教えなければならない、そのためのトレーニングをしよう、という発想はでてきません。逆に子どものほうに情報が多くて、「何いってんだよ」と親をバカにしてしまうようなことさえ生じています。バブル経済のときになると、子どもはもう親のいうことを聞かなくなってしまいました。そのうち、先生のいうことも聞かなくなるというような時代がきてしまいます。

それでは、そうした意味で子どもが変わったのでしょうか。着ているものとか、食べるものは変わってきたと思いますが、私は子どもが育つプロセスは変わらないものではないかと考えています。かかわる親や教師や社会が、変わっているだけです。育ててもらいたい子どものほうは変わっていなくて、「もっとぼくに文句をいってくれよ」といっているのではないでしょうか。「親父さん、悪いところは悪いといってくれよ」「おれの好きなようにやれよといってくれても、おれの本心はそうじゃないんだよ」という子どもがたくさんいるのではないかと思うのです。

子どもは変わっていません

中学生や高校生の葛藤は、たくさんあります。集団生活になじまない、授業がわからない、クラブ活動に参加できない、友だちとうまく付き合えない、将来の目標がみつからない、こういうような葛藤は、昔だってありました。そういうものを乗り越えようとしているときに、父親が子どもの声に耳を傾けて、一緒になってときに涙を流したりしながら子どものハードルを越えさせようとする場がなくなっていることが問題なのです。友だちとうまくいかない、いやがらせを受けているというときに、父親は「無視していろ」といっても、子どもは「毎日学校で顔を合わせなければならないんだよ」と心のなかで思っているわけです。それがつもりつもって、あるとき切れてしまうのです。

将来の目標にしても、「親父、おれは何をやったらいいんだよ」と子どもがいえば、「おまえの好きなことをやれよ」といわれてしまう。本人が困っているから聞いているのに、ただ好きなことをやれというのは子どもの話に応じていないからです。ましてや、「そんなことは自分で考えるんだよ。おれも自分で決めたよ。大学は、おれよりいい大学へ行けよ」とよけいなことまでいってしまう。しかし、子どもからすれば父親に「おまえは小学生のときから、器用だったろう」というようなことをいってもらいたいのです。そうすれば、「そうか、そうだな、器用さか」とピンときて、「おれは機械いじりが好きだし、パソコンも得意だから、そっちの資料を集めてみようか」という流れができてくるわけです。子どもの本心は、答は出さなくてもいい、ただ受け止めてもらいたいのです。

父親が仕事に忙しく、夜遅く帰ってくるので、顔を合わせる機会が少なくなっているということもあります。たまに顔を合わせたときに、「おまえ、受験のほうはだいじょうぶなのか。遊んでばかりいるみたいじゃないか」といってしまう。それは、子どもの情報が母親から一方的に入ってきているからです。「お父さん、雅夫ったら最近遊んでばっかりいて、勉強してないんですよ。お父さんからもいってくださいよ」という具合です。母親は雑誌などで、今の中学入試や高校入試、大学入試が自分のときと比べてものすごくたいへんになっていることを知っているのです。しかし、雑誌からの情報は偏っていることがありますし、自分の子どもが雑誌に書かれているような状況とは違うことだってあるのです。自分の子どもを真摯《しんし》に受け止めないで、世の中の流れのなかで自分の子どもに対応してしまうということが起こってしまいます。だから、私は子どもは変わってない、子どもが育ちたいという環境は変わっていないと思うのです。

高校生にとって、とくに男の子にとって、父親という存在はどこか煙たくなってきます。同じ男同士として似たところもあり、近親憎悪的な感情が生まれてきて、相談しにくいことが多いのも事実です。父親というのは、激励者であり、指導者であり、監督者であり、コーチであって、気軽になんでも話せるような相談者とはなりにくい存在かもしれません。

それでは、子どもが悶々としたときにどこへ行けばいいかというと、友だちのところということになるでしょう。だから、友だち付き合いをうまくつくっておいてあげなければならないと思っているのです。何度もいってきていますが、「友だちをつくるには、友だちの友だちにならなければならない。そうしなければ、友だちはできない」これが、私の持論です。友だちというのは、求めるだけではダメです。自分とどこか合う人間がいたら、それを育てろということです。自分と全部ピッタンコに合う人間なんていませんよ、といいたいのです。

寛容さがなくなっている

秋葉原事件という通り魔殺傷事件がありました。同じような通り魔事件が、日本のあちらこちらで起きています。そして、事件を起こすのは、ごく普通の人間です。普段はどこにでもいる人たちです。その普通の人が、なぜあのような残酷でいたましい事件を起こしてしまうのでしょうか。いろいろ専門的な立場から、事件の真相が究明されているようです。私なりに考えてみると、今の時代は、誰もが同じような事件を起こしやすい環境にあると思われます。その背景は何かといいますと、電車のなかでちょこっとぶつかっただけで喧嘩《けんか》になるという日常性に見えています。つまり、今の社会にはだんだんと寛容さが欠けてきていると思えるのです。

社会というのは、1+1=2になるとは限りません。1+1=3になることもあれば、2−1=0になることもあります。そういう意味で、私は江戸文化に興味をもっています。江戸時代には、共同生活の面で寛容さとか心のゆとりがあったと思います。長屋では寺小屋があり、子どもたちは読み書き算盤《そろばん》という基本を学びながら、庶民の助け合いの精神のなかで育てられていました。何か足りないものがあればお互いに補っていくということが、日常的に行われていたのです。私が小学生の頃に経験したことと同じようなことがありました。つまり、社会ののりしろのようなものがあったのです。

今の学校でいえば、子どもが学校で何か不都合なことをしたらすぐに退学ではなくて、それを矯正できるかかわり合いとか、言葉かけをして、失敗のハードルを越えさせていくということが重要だと思います。失敗しない子どもはいませんし、転ばない子どもはいません。

しかし、1度転んでしまったら、立ち直りのきびしい社会になっているのです。その典型が、中学入試です。難関中学の第1志望校を落ちたら、もうダメだよと思わせてしまうことがないのかということを考えてしまいます。中学入試はゴールではない、次へ向けたスタートだよ、次のステージを得るために小学校の勉強をしているのだということを知ってほしいのです。

だから、もし自分の求めているステージに上がれなくても、たとえ隣のステージであっても、もうひとつ先のところへ行くときに、今まで足りなかったことを補えば、次のところではちゃんと追いつくのだよということです。そういう言葉がけをしているでしょうか。子どもを支える重厚なかかわり合いをしているでしょうか。

悪い点数をとってきたときに、「なんで同じ問題をまちがえるんだよ。ばかだなあ、まったく」といったような声かけになってしまうのです。点数が悪いときにその子の人格を否定するようなことになっていないでしょうか。ばかだからではなく、そこのところを乗り越えるためのトレーニングがなされていないから、同じところをまちがえるのです。それは、点数の問題ではないのです。どうしてこういうようになってしまったのかという、かかわり合いをしてあげなければなりません。

友だち関係にしても、「喧嘩しちゃダメだよ。いじめは悪いことだよ」と言葉ですませてしまっています。なんで友だちに陰で手をだすのか、心のなかに孤独感があるのではないか、子どもが内面に抱えている問題を親や教師が見抜いて、あるいは推測して、予見してかかわっていかなければならないのです。

楽しみも苦しみもあって人が育てられる

子どもに大丈夫だよといってあげられる人がどれだけいるだろうか、大丈夫になれる時間を与える環境が子どもたちの周りに残されているだろうか、と思います。中学入試の雑誌にしても、入試が終わったら、合格体験、成功体験が語られて、勝者敗者の視点になっています。小学生は、中学受験からこうしたことに神経をすり減らしているのです。子どもたちのなかには、小学生のときから早すぎる挫折を味わっている状況が見られます。

「ぼくは、開成を落ちたから敗者だ」と思い込んでしまう子どもだっているでしょう。浅野学園には、超難関校を落ちてくる子がいます。しかし、6年間クラブ活動を伸びのびやって高校3年生になると、他の難関校の生徒と同じように、東大や東工大を受けるところまでちゃんと育っています。「先生、おれは浅野学園でよかったよ。クラブを思いっきりやらせてもらえたし、伸びのび生活させてもらって、難関大学を受験できるのだから」といって充足感をもって卒業していきます。

270人生徒がいても、270人の差なんてありません。ただ、生活習慣、学習習慣、予習・復習など時間の使い方に問題があるのだということです。つまり、6年間彼らとかかわって、挫折を乗り越えさせるかかわり合いをしているのです。浅野学園は、そういう人育ての環境をもつ社会なのです。

だから、浅野学園の生徒は点数が悪くても、伸びのびしています。お母さんたちには「心配はいりません」といっています。生徒たちのどこに問題があるのかは、しっかり話し合っていますから。生活のリズムとか時間の使い方を考えさせています。「成績が10番、20番の生徒は、毎日テレビゲームはやっていませんよ。時間を選択して遊んでいますよ」ということです。

浅野学園流の生活の仕方を理解してくると、お母さんもだんだん明るくなっていきます。母親の顔が明るいから、子どもも明るくなります。先生の顔も明るいから、学校へ行くのが楽しくなるのです。そういう寛容さがあります。

寛容さというのは、人と人との関係から生まれます。人との触れ合いというのは、楽しみでもあり苦しみでもあります。３６５日がすべてうまくいっていることなんかありえません。楽しみも苦しみもあって、人が育てられるのだと思います。ところが、それを拒否する社会があるのを危惧しています。テレビゲームやインターネット、携帯電話などで、自分の主張だけを通すという社会構造が生まれています。小学生や中学生の頃からそうした世界に入り込んでしまう状況が起きています。

人と人とのかかわり合いを知らない子どもたちが増えています。人とのかかわり合いは、苦しみが伴います。ストレスだって溜まります。それでも楽しいことだってあるのです。子どもだけではなく、大人たちも、そこの機微がわからない世の中になっていることが気がかりです。

子どもを観察することが大事

「うちの子は携帯を離さないんです。まったくお金ばっかり使っちゃって、困ってるんです」とテレビのニュースでニコニコしながら話す母親が出ていました。それだったらなぜ子どもに携帯をもたせるのでしょうか。使わせないという家庭環境をつくればいい、と思います。使わせているなら、使い方を教えるべきです。包丁も使い方で、凶器にもなるのです。

携帯には、その魔力が潜んでいます。子どもには、携帯を使うためのルールやマナーを教えなければならないと考えています。もちろん、大人にだって必要なのですが。

「親」という字は、木の上に立って見るというのではなく、「辛《つら》」いという字に2本の棒でさらに刺されて見る、と書かれているのです。だから、親というのは、本来、つらく、きびしい状況におかれているのです。それでも、子どもの面倒を見ていかなければならないのです。

子どもが反抗期で、なんにもいうことを聞いてくれない。でもお弁当だけは食べてきてくれるからって、毎日毎日お弁当をつくってあげる母親がいました。高校3年生になって卒業するとき、子どもから「おふくろ、弁当いつもありがとう。おいしかったよ」といわれたとき、涙が止まらなかったといっていました。子どものやさしい一言で、6年間の葛藤が、そこで癒されるわけです。弁当なんてどうせつくったって食べないだろうから、一日千円ずつ渡す、そういう構造になってないだろうかと思います。

365日子どもたちを預かっていて、子ども一人ひとりにドラマがあると、つくづく思います。昨日元気だった生徒が、今日も元気だとは限りません。ニコニコ笑っている生徒が、ほんとうに元気なのかもわからない。なぜニコニコしているんだろうと思えば、同じ世代なのに彼はみんなのいうことを受け止められるんだよ、ということもあります。

私は先生方に、いつも気づきのアンテナを上げておきなさい、と話をしています。そうすれば、ちょっとおかしいぞ、いつもの彼とは違うな、ということに気づくはずです。

だから、子どもの観察は大切です。親も先生も、子どもから目を離せないのです。雑誌や本を読んで、現代っ子はこういう子どもたちなのだ、と知ることもいいことです。しかし、それだけではありません。浅野学園には、浅野の生活環境があり、生活ドラマがあるのだから、浅野の生徒の指導には浅野の生徒を観察することがいちばん大事なことなのです。浅野学園の生徒の家庭環境はどうなのか、両親や兄弟姉妹の構成はどうなっているのか、家はどこにあって、交通手段はどうやって通ってくるのか。いくらでも、観察しておくべきことはあります。

いじめの問題で事件が起こったり、子どもによる傷害事件があった場合、そうしたことを対岸の火事とするのではなく、そういう機会に浅野学園の生徒の観察が必要になるのです。先生方に「何を指導しなければいけないのか、自分の指導の課題は頭の上にあり、答えは足下にある」と話すのは、こういう意味なのです。浅野学園の生徒だって、思春期にある子どもですから、いつ同じような事件を起こさないとは限りません。普通の子どもたちですから。むしろいい子どもたちです。賢いから問題を表に出さないし、見えにくいということです。

もちろん、生徒を信じていますが、子どもの指導のためには「信じて疑え」ということです。もしかしたら、と事前に指導してあげれば、事故も事件も避けられるのです。怖いのは、「うちの子に限って」という考えです。

自己表現は生活のなかから生まれてくる

勉強部屋ではなく、キッチンで勉強していた子が開成に合格した。こういう情報が雑誌に書かれると、すぐにみながキッチンで勉強させようとします。なぜ、勉強部屋ではなくてキッチンなのかを考えようとしません。なぜ、キッチンで勉強するとよいのでしょうか。

キッチンにいると、お母さんの目が子どもに向けられているからです。子どもは、お母さんに見られている、目をかけられているという安心感をもつのです。それを愛情といってもいいでしょう。そういう愛情というか、親子の触れ合いがその家庭の根底にあるから、子どもは安心して落ち着いて勉強ができるのです。

つまり、心安らかに落ち着いて勉強のできる関係があるならば、どこでもいいわけです。お母さんが見ていてくれる、という気持ちが子どものモチベーションを上げて自主的に勉強ができる環境があれば、成果も出てくるのです。事情がわかると、それなら勉強部屋でもいいじゃないかとなるわけです。何かひとついい情報を得ると、それをマニュアル化して、みなが右にならえというかたちになってしまう。これは、改めないといけません。

遠足に行くとき、子どもに声をかけますね。そのとき「楽しんでらっしゃいね。お小遣いこれだけもっていきなさい」といって出します。「お友だちと仲良くね」「みんなに迷惑をかけないようにね」といって出す親がどれだけいるでしょうか。なんのために学校が遠足へ連れて行くのか、目的を理解して子どもに接してほしいと思います。

遠足から帰ってきたときに、「どうだった」と聞けば「楽しかったよ」くらいは返事をするでしょう。その後が大切なのです。「何を見てきたの。どこがいちばん印象に残ったの。お友だちはどんなふうだったの」と質問すれば、子どもは自分の気持ちがどんどん整理されて、発信していきます。その対話が、自己表現の訓練になっていくのです。何かを体験したときに、「あなたはどんなことを思いましたか、感じましたか」という設問に答える練習にもなるでしょう。そういうことをしていれば、試験に自分の意見を聞くような問題がでたときに、自己表現ができるのです。

「先生、自己表現の仕方をどうやって教えたらいいのですか」と聞かれますが、生活のなかでいつだってできます。国語は、国語の問題や問題集だけで勉強するのではありません。お母さんが、どういう声をかけたらいいかを考えてほしい。考えて話しかけたことが問題の設問になって、それが子どもの心に残ります。親子の対話ができて、子どもは育てられたなというところへつながっていくわけです。

お母さんが、ハウツー本を買ってきて、その本の通りに子どもとのかかわりをしようとする、その本の通りにやらなければ、というスタンスのお母さんが多いのです。そうではありません。いろいろな子どもがいて、いろいろなお母さんがいて、いろいろな家庭があって、うちの子どもにはこのようにしたらいいということに気づいて、それができたときに、子どもは自分が認められたことを認識して「お母さん、ありがとう」という感謝の気持ちが生まれ、お母さんの存在をも認めるようになるのではないでしょうか。

自分の振り返りを考えて授業している

私は総合的学習の時間に、「私が話したことをまねるのではない。また私が話したことを覚えるのでもない。私がいったことを自分のフィルターにかけてごらん。そのフィルターにかけたものを、自分だったらどうするか、私とは違う考えでもよい、それが君たちの意見なのだ。それが君らしさの構築になってくるのだ」ということを話しています。

英語・数学・国語といった教科は、ものごとを考えるための道具にすぎません。なんで英語や数学を勉強するのでしょうか。点数をとるためでしょうか。今の段階で100点をとっていても、もっとレベルの高いところへ行けば、もっとむずかしい問題があり、80点になってしまう。そうしたら、また100点をねらうのですか。大事なことは、英語や数学や理科の知識を、自分の人生にいかに活かせるかということです。各教科の知識を使って自分らしさを形成していく、これが、私の総合的学習の原点です。

4月の初め、公立の高校では、「さあ、自分はこういうことをやろう」と目的をもって入学してきます。中高一貫校の浅野学園では、高校生になった生徒に、中学4年生になってはいないかどうか、ということをまとめさせています。つまり、これから何をやろうかということを、中3までの生活を振り返って、400字でこれからの夢を書かせるのです。

1カ月経ったときに、自分の宣誓した言葉通りになっているかたしかめさせるためにふたたび400字で高校生活をまとめさせると、思ったようにいっていません。そのときに、

「公立中学から公立高校に入学した高校生、公立の中学から私立の高校に入った高校生たちは、自分の目標を実現しようと思って、夢に向かって毎日学校に通っている」と話します。そうすると、「おれはやろうと思ったけどできていない。クラブ、勉強、友人関係、思うようにいかないんだ」と生徒たちの葛藤がでてきます。

それでいいのです。じゃあどうやったら改善できるのかを自分で考えようということが授業の目的なのです。その答えは、足下にある。君自身の内面にあるのだよ、という話をします。先生が教えることではないのです。私との対話では、ああしよう、こうしようという答えがわかるのではなく、自分自身で考えるためのアドバイスがあるだけです。

1時間1時間変わっていく生徒は45人のうちのほんの少しずつだと思います。他人の話を聞いて、急に自己変容する生徒は、そんなに多くないはずです。時間をかけて繰り返しているうちに少しずつ変わるのが指導ではないでしょうか。「ああ、今日の話は5人くらいわかってくれたかな、10人くらいわかってくれたかな」と思っています。あの話は、もう少し具体例をあげたほうがよかったかな、6時間目の授業はむずかしかっただろうな、あれでは眠くなってしまうかなとか、常に自分の振り返りをしながら授業をしています。

「リーダーシップ・トレーニングセンター」のこと

神奈川県の私立・公立の生徒を対象にした「リーダーシップ・トレーニングセンター」という研修会を毎年4泊5日で行っています。これは、「日本赤十字社・青少年赤十字」が主催するもので、私は高等学校の指導員になり、10年くらい経ちます。中学時代からJRCにかかわっていましたが、教師になってからも活動は続けているのです。

浅野学園の生徒も参加しますが、総勢50名ぐらいになります。リーダーとは何か、ボランティアとは何か、コミュニケーションとは何か、異文化の理解とは何か、会議の進め方などを学びます。日本赤十字社の事業の一貫ですから、蘇生法や救急法のトレーニングもあります。私は高校生中心の指導担当ですが、小学生から、中学生、高校生が一緒になって研修することもあります。

そこでの生活は、5分前行動がすべてです。5分前に講義室へ行く、集会所へ行くのです。指示は出さずに、全部掲示です。毎朝1日のスケジュールが掲示されます。朝の9時から夜の9時ぐらいまでを頭に入れなければなりません。何時が食事で、何時にお風呂に入る。そういう日課がびっしりと詰まっていますから、遅れるとたいへんなことになります。当然、各自のメモに頼ります。

ひとつが終わると、一息ついてもいられません。次は外でフィールドワークがあり、手ぬぐいをもっていかなければならない、靴を履き替えてと書いてある。先生はいっさい指示をしません。1日目は、みんな遅れます。2日目あたりは、遅れてくるとみな待っています。それで、みなに迷惑をかけていることを知ります。

2日目、3日目でリーダー論とか会議の進め方とか国際理解とかの講義を受けた後、各グループで自分で気づいたこと、考えたことなどの話し合いをします。そこで情報交換して、自分たちの意見をまとめさせて発表します。表現力や個性がかなり違う学校の生徒たちが集まっています。しかし、みな同じ土俵で同じレベルで話しています。しゃべるのが不得意の子どもたちには、得意なグループの連中がしゃべります。自己表現力が低く、無口で自分の自己紹介ができなかった生徒が、5日目にはしっかりと自分の紹介をするようになっています。

4泊5日の間で、何を行っていたのか。それは、気づくことの訓練です。掲示があった、そこで何をしなければいけないのか、段取りのことを考えます。何かに取り組むときに、見当をつけて行った経験は、自分で段取りをすることの大切さを自覚します。

体育祭をやる、文化祭をやるなどというときに、どういうことに主眼をおいて行事の運営をしたらいいのか。校内で救急法の講習会を実施しようと思ったら、どのように企画・運営をしたらいいか、その段取りを考えるのです。それは、すでにイベント屋ではなく、教育的な配慮になっているのです。こういうかかわりをしていけば、子どもはちゃんと変わるのです。

『成長カルテ』の意味

浅野学園では担任が生徒の成長カルテをもっています。ごく普通の大学ノートで、表紙に「成長カルテ」と印刷してあるだけのノートです。なぜ、このノートをつくったのかというと、教師も親も、子どもがどれだけ成長したかを考えながら、指導する必要があるからです。

実際は子どもの成長について、あれもできない、これもできないというほうへ目が向きがちです。そういうように人格的にもレッテルを貼ってしまうことがないでしょうか。しかし、人間は得手不得手をいろいろもっていて、必ずいい点があるのだということです。そして、それは育てられていい点になっているのだという発想があるからです。

私自身も育てられてきたからです。だから、育てられないで、ぽつんとおかれて、自然に自分を磨くなどという子どもはいないと思うのです。小学校・中学校・高等学校あたりのところで、先生のかかわりによって伸びてきたのでしょう。その伸びてきたところをメモしていくノートです。

もうひとつ、『成長カルテ』をつくった背景には、指導要録のことがあります。生徒の学習面と行動面の記録書です。たとえば「最初はとまどいもあったが、徐々に学習のペースが安定してきた。努力家で協調性もあり、歴史に関心をもっている」とか「落ち着きがないところがあるが、なんにでも関心を示し、積極性がある真面目な性格で、正義感が強い」などと書かれています。落ち着きがないっていうのは、裏返せば、行動力があるのです。私からすれば、落ち着きがない男の子より、じっとしている男の子のほうが、指導がしにくいのです。

馬を川のそばに連れて行っても、水を飲ますことができない、これと同じです。ふだんから日常生活の行動を記録しておけば、いろいろなところで指導の助けになります。

お医者さんのカルテと同じですが、担任の先生は、気づいたときにメモしておけばいいのです。1人1枚で、1ページくらいです。先生方の見る目も、とかく成績に偏りがちになります。こういうノートがあれば、生徒を見なければならないし、生徒に目を向けなくてはなりません。必然的に、生徒に目を向ける習慣もできてきます。

父母会のときに、『成長カルテ』をもっていれば、学習の進度がゆっくりな生徒の保護者に「学校では、ボランティア活動をして、クラブでは部長をしていて……」という、成長のプロセスを話すことができます。保護者にはわが子の成長の見えにくいところが、コミュニケーションできるということもあるのです。

どれだけ子どもが伸びたかということは、先生も気づいたときにメモをしておかなければ、忘れてしまうこともあります。保護者との面談で学校での子どもの様子を話題にしてあげれば、どれだけ親と子、教員と親の関係にプラスになるかということです。

担任が学校での子どもの様子を話してあげるだけで親の子どもを見る目が、あるいは親の担任を見る目が、どれだけ変わるかということもあって、私は校長になってから『成長カルテ』というノートを使いはじめたのです。

『広報あさの』という新聞発行の意味

浅野学園では『広報あさの』という新聞を年に2回発行しています。この新聞は、ＰＴＡの広報紙です。ＰＴＡや同窓会、教職員、そして卒業した生徒のご父母にも配付されています。とくに卒業生のご父母と在校生の保護者に読んでいただきたい、と思っています。卒業生のご両親は賛助会に入っておられますので、時折『広報あさの』をお読みになり、浅野学園の活動や指導の今を知っていただければと考えています。それは、浅野学園では、強くたくましくという人育ての教育姿勢に変わりがないことをお知らせしたいこともあるからです。

思春期に浅野学園で学ぶという共通の生活体験のなかには、楽しいことばかりではなく、思うようにいかなかったときに世話になった先生方への思い出もあると思います。生徒として過ごした中学・高校生活と保護者として子どもを育てた中学・高校生活とがあるでしょう。その両方に、さまざまな記憶が重なってあると思います。

『広報あさの』には、浅野学園が進学校として注目されるだけではなく、みなさんの思い出にあるように、思春期の子どもを育てながら彼らの夢を実現させるための大学進学を実現させているのですよ、ということを知っていただきたいという趣旨が込められています。同窓会もさかんで、同期会や毎年行われる総会に集まって来られる卒業生は、昔の浅野学園はよかった、自分たちが育った浅野学園はよかった、そのよかったというイメージは先生方が自分たちをよく受け止めてくれたからだ、という意識をもっておられます。卒業して5年、10年、20年経っても、浅野ファミリーとして浅野学園の動向に関心を向けてくれています。

同窓生やそのご両親の知り合いに浅野学園を受験する家庭があると、自分たちの経験をPRし、浅野学園はよかったと話してくれています。子どもたちに目をかけ、声をかけて先生方が育ててくれる。トラブルが起こっても、思うようにいかないことがあっても、いつも支えてそれを乗り越えさせてくれる雰囲気があった、と話してくれます。今の浅野学園は、そうした浅野ファミリーによって支えられているのだと、つくづく思います。『広報あさの』のベースに流れているのは、校訓の「九転十起」の精神だと思います。私は、その精神を踏まえながら、子育ての礎になるような原稿を書かせてもらっています。

浅野学園ホームページから「受験生の皆さんへ」

私が浅野学園の校長職を預かるようになってから、学校ホームページに「受験生の皆さんへ」というメッセージを年2回載せています。4月には「2月の入学試験を振り返って」と「来年の入学試験に向けて」というメッセージを、12月には入試を間近にした小学生に向けてのメッセージです。

「来年の入学試験に向けて」では、浅野学園の入学試験について、12歳が取り組める問題だから、難問を解くことも大事だけれど、基礎基本をしっかり勉強してくださいという主旨のメッセージにしています。そして、勉強というのは、自分のわからないところをわかるようにするのが勉強であり、わかるところを増やすような学習生活をしてくださいと伝えています。それは、浅野学園が育てる学校なのだというメッセージにもつながっています。

12月には、入試まで2カ月前ということもあり、「試験直前までテストでわからなかったところをもう少しがまんして自分の実力をつけましょう」と肉声で広報担当の先生に直接ビデオにとってもらってメッセージにしています。そして、2カ月しかないのではありませんよ、まだ2カ月もあるんですよということを伝えています。

私は、「がんばれ」というメッセージを出したことはありません。子どもを育てるということは、充分にやっている者がいたら、そこでよくやったなあ、と受け止めてあげる、これが愛情だと思っています。「受験生の皆さんへ」のベースに流れているのは、浅野学園の校訓「愛と和」の愛の精神だと考えています。子育ての問題で愛情ということがいろいろなところで話題になっていますが、子どもが入学試験を迎えているときの愛情というのは、「がんばれよ」ということではなく、「よくやったぞ」というのが本当の愛情だと思っています。「大丈夫だよ」「よくやったぞ」という言葉こそ、精いっぱいの激励なのです。

今の社会は、のりしろがない社会だといわれます。私は、子どものりしろは「よくやったぞ」ということだと考えています。一人の人間の存在をきちっと受け止めてあげる。そうしたゆとりが欠けてきているのではないでしょうか。やるべきことをやったら、それでいいのです。

私は、一軒一軒子どもたちの家に行って、子どもの肩を叩きながら語りかけるつもりでメッセージを出しています。受験というのは競争ではなく、人育てのためであると考えて発信しています。ここに今年中学受験を終えた子どもたちへの激励のメッセージを載せておきます。

「ご卒業おめでとうございます。勉強には、もうこれでよいということはありません。でも、皆さんは今まで精いっぱい勉強してきましたね。今の実力を中学受験で試してどうでしたか。勉強の足りたところと、足りなかったところがわかったと思います。もし足りないところがあったら、次のステージで勉強してほしいと思います。それが本当の勉強するということ、学ぶ意味なのです」

Part Ⅲ

浅野学園の創立者
浅野總一郎翁に学ぶ

人から人へと導かれて

私は中学、高校と浅野学園で学び、教職の道も浅野学園に導かれました。それは人と人とのつながりからだったといえましょう。どこか強い糸で結ばれていたように感じます。その人と人との糸で、大きな存在として浮かび上がってくるのが浅野總一郎翁という人物です。ここで浅野学園の創立者のことを、多少ながらお話ししたいと思います。

浅野学園では、毎年学園の創立記念日である1月20日に、創立者の浅野總一郎翁の人となりや業績についての講話を行っています。また、中学生を対象に横浜市鶴見区の總持寺にある墓所へも、学校から貸切バスで見学にも行っています。中学1年生を対象にしているのですが、他学年の生徒も参加してくれて、毎年150人もの生徒たちによる墓所見学になります。墓所は609坪にもおよび、そこで總一郎翁についての理解を深める話をしているのです。

大正9（1920）年に總一郎翁が、打越の丘に浅野学園を創立してから89年の歳月が流れました。学園内の通称「銅像山」に、浅野總一郎の銅像が建っています。生涯に70以上もの事業を起こし、京浜工業地帯の基盤となった埋め立て事業は、日本の近代化を象徴するものとなっています。總一郎翁の銅像の視界には、その京浜工業地帯が広がっています。

浅野学園の校訓「愛と和　九転十起」の「九転十起」は、總一郎翁の生き方をあらわした言葉です。その總一郎翁ですが、実は成した業績の割には平成の現代、巷間に知れわたっていません。業績については、記録が残っています。また、總一郎翁と同じ時間を生きた人々が書き残した文章があちらこちらから見つかります。總一郎翁の生涯を考えてみるにつけ、その遺された業績からだけでも、浅野学園の創立者について改めて考える意味があると思うのです。

總一郎波乱万丈の人生で、使ったお金ははかりしれません。「銀行の金利が高くて苦労する」とこぼしながらも血のにじむような苦労のなかから数知れない事業を生み出しました。その事業のひとつが、浅野学園の創立でもありました。起業家だった總一郎翁が、72歳で浅野総合中学校（浅野学園の前身）を創立したのはなぜでしょうか。本人自らがこういう意義からだ、と遺してくれたものがまだ見つかっていないので、断定したことは書けません。

そのことを、あらかじめお断りしておかなければなりません。しかし、人間・浅野總一郎の意外な面、身近に感じられる面が見えてくるかもしれません。

九転十起の男——浅野總一郎の人生を追う

浅野總一郎は幼名を泰治郎といい、嘉永元（1848）年3月10日に生まれています。富山県氷見《ひみ》郡藪田村（現・氷見市藪田）の出身です。父親は地元の医師で泰順、母親はリセといいます。泰治郎には姉がいて、父親の弟と結婚します。婿養子をとらせることで、医者の稼業を継がせたのです。姉に息子・了吉が生まれ、浅野家を継ぐ者が決まり、泰治郎は6歳のときに叔母（母親リセの妹）トヨのところへ養子に出されます。トヨは氷見の町医者・宮崎南貞に嫁いでいました。嘉永6年、ペリーが来航した年でした。

父親は7歳のときに亡くなり、それから泰治郎は14歳になるまで医者の修業を積んでいましたが、このとき転機がおとずれます。コレラが流行し、次々に人が死んでいくのに、自分の力ではどうすることもできないむなしさを感じるのです。コレラは当時、「コロリ」といわれて恐ろしい流行病でした。

14歳で実家に戻ってしまった泰治郎ですが、15歳のときに姉夫婦が相次いで亡くなり、浅野家は了吉（のちに泰仲）が継ぎました。ここから泰治郎の実業家としての道がはじまります。縮織《ちぢみばた》という織物をつくって売る事業を起こし、醤油の製造にも手を広げますが、うまくいきません。

17歳になって思いついたのが、稲扱《いねこ》き機を仕入れて貸し出す商売でした。稲扱き機とは、籾《もみ》をとる足踏み式の機械で、江戸時代の末期にはとても便利なものでした。それだけに高価な農機具でしたから、仕入れてくるのに大金が必要になります。親戚縁者からお金を集めて250両になったといいます。そのお金を懐に入れて、元治元（1864）年に、京都に行きます。京都で氷見針を売り歩きますが、一向に相手にしてくれません。何しろ幕末の京都ですから、脱藩の志士たちが右往左往していて、物騒な都になっていたのです。泰治郎は稲扱き機を因幡《いなば》で仕入れて、船で氷見に戻りました。仕入れた稲扱き機を農家に借りてもらうため、歩き回りました。これでかなりの利益が上がるはずでした。しかし、その年が凶作になってしまい、結果は150両を回収したのがやっとでした。100両のマイナスとなってしまいました。

どん底になっても目をかけてくれる人物がいました。山崎善次郎という、村から一目おかれている人物でした。この山崎という人物が射水《いみず》郡大野村の豪農で庄屋・鎌仲惣右衛門の長女への婿入りの話をもってきました。慶応2(1866)年、泰治郎は19歳になっていました。このとき、名を惣一郎に変えます。惣右衛門の惣をもらったのです。その後、明治26年に總一郎と改称しますが、ここからは總一郎と統一して書くことにします。

總一郎は、ただ大庄屋に来て満足している男ではありませんでした。大庄屋の信用と力をバックに、資金を集め、共同出資の会社をつくってしまうのです。筵《むしろ》や茣蓙《ござ》などを扱う「産物会社」の設立でした。鎌仲の家は副業に筵をつくっていたので、それに目をつけたのです。このとき總一郎は、日本で初めて「会社」という組織をつくったことになります。柏崎と新潟に支店を出し、取り扱う品物も多くなっていきました。しかし、時代は明治維新ですべてが混乱している最中でしたから、總一郎の力だけではどうにもならないこともありました。そして、とうとう今度の事業もめどが立たなくなり、産物会社を続けられなくなりました。婿養子にいった先からも、出てこざるをえなくなりました。

しかし、ここでまた山崎善次郎が總一郎の前に現われるのです。善次郎は「人生は、七転び八起きだぞ」と励ましの声をかけました。總一郎は「七転び八起きでは足りそうにありません」と応えます。すると「そうか、そうであれば九転び十起でもいいではないか」と返ってきたのです。大切なのは、どんなときにも起きあがること、善次郎の息子・善之丞が助っ人になり、友だちも力を貸してくれて、氷見町に「浅野商店」の看板を掲げることになりました。取り扱う商品は、酒や野菜や鮭などいろいろなものが店頭に並びました。

しかし、また事業を広げすぎて資金繰りがうまくいかなくなります。明治4（1871）年、能登の金貸し「お熊」から300両を借りたのですが、返すことができずに、東京へ夜逃げすることになります。そして、いよいよ浅野總一郎が日本の近代化に生涯を賭ける人生がはじまるのです。

東京で一からやり直す

東京に出た總一郎は、本郷赤門前の大塚屋に宿泊します。本郷の赤門といえば東京大学の象徴ですが、東京大学の敷地は加賀藩の藩邸だったところです。總一郎が故郷の藩主、前田侯のいた場所に立ち、東京での新しい人生をスタートさせたのは、心に期するものがあったのでしょう。

そして何よりも幸いだったのは、版籍奉還、廃藩置県によって自分のいた領国から自由に出られたことです。時代もまた、總一郎を後押ししていたかのようです。總一郎が、東京で最初にはじめたのは、宿の主人に教えられた水売りでした。名水として知られる御茶ノ水で水を汲み、砂糖を入れて売ったのです。「冷やっこい、冷やっこい」と声をかけながら、通行人たちに売りました。電気冷蔵庫や自動販売機などない頃でしたから、冷たい水はありがたいものだったのでしょう、よく売れたようです。總一郎、24歳のときでした。「冷やっこい水」も、夏場はたいそう売れて儲けられましたが、秋になり涼しくなってくると売れません。今度は、横浜にある小倉屋という味噌屋で奉公人として働くことにしました。ここで總一郎の本領が発揮されます。働いていても、「何か」を見ているのです。つまり、何かに気づくのです。それが味噌を包む「竹の皮」でした。この竹の皮の需要が多く、仕入れて売れば儲かると考えたのです。そこで、独立することを考えます。大塚屋に預けていた水売りで稼いだお金を元手に、下総まで竹の皮を買い付けに行きます。總一郎は、「この人は」と思うと、とことん信用する人間のようです。大塚屋の主人に、お金を預けておくということは、なかなかできることではないでしょう。

竹の皮を船1艘分積めるだけ積んで仕入れた總一郎は、次に竹の皮を伸ばすことができる職人を探し、重吉という腕のいい技術をもった人間を仲間に入れ、横浜住吉町に店を開きます。男2人は貸し布団で共同生活をしながら、毎日夢中で竹の皮を売りました。商売が順調にいきはじめたとき、總一郎はサクと結婚します。サクの実家は宇都宮で紺屋を営んでいました。祖父は日光東照宮の修復などを手がける狩野派の絵師でしたが、明治維新の動乱で家が焼かれ、横浜に出てきていました。そこで、貸し布団屋兼呉服屋で奉公していた16歳のときに總一郎と知り合ったのです。そのとき、總一郎は25歳でした。サクは働き者で、気立てがよかったといいます。

石炭商への道

竹皮商がうまくゆき、大勢の従業員を雇うようになった頃、次の転機がおとずれます。竹の皮を買い付けに行く下総の姉ヶ崎は、薪《まき》や炭が安かったので、そこへ目をつけたのです。竹の皮を艀《はしけ》で運ぶように、薪や炭も川を利用して船で運んでいました。千葉から薪や炭を扱うにはかなりの資本が必要でしたし、薪や炭を扱うにも、どのようにしたらいいかもわかりません。そこで、總一郎は薪炭商の遠州屋へ働きに出ることにします。仕事は仕事場で学ぶ、という總一郎生涯の鉄則は、ここで確信的なものになっています。

薪や炭の商売も順調に行き、人手が何よりもほしいときに、サクの妹・ツルが手伝いに来て、總一郎の弟・寛一も郷里からやって来ました。身内が一丸となり、商いに精を出していきました。

そんな折、石炭を納められないかとの話が舞い込んできました。願ってもないことだったので、總一郎はさっそく石炭へ目を向けることになります。石炭は開国後、蒸気船の燃料として使われていました。明治政府は、それまで藩営の炭坑だったものを官有化し、三池炭坑や高島炭坑を拠点にして、洋式採炭技術を導入していました。すでに、業者は大手が握っていて、なかなか石炭の道へ入るのはたいへんでした。しかし、吉報が入ります。1250トンの石炭が大水にやられたので、買い取ってくれないかともちかけられたのです。すぐに、現金を集めに回り、買い取ると乾燥させました。そして、郵便汽船に売り込みます。横浜に石炭がなくなり、總一郎のところに買いに来たのです。これで、元手を上回る利益を上げることができました。

総一郎の店は「大塚屋」といいました。自分が納得のいく事業ができるまでは、浅野という名前を使わないと誓い、宿屋の主人の名前を使っていたのです。大塚屋は、その頃横浜では有名になっていました。万事が順調にあると思っているときに、熱病の流行で、寛一が倒れます。そして、寝込み強盗に襲われるのです。盗難に遭い、ついには寛一が亡くなってしまうという不幸に見舞われてしまいます。

しかし、總一郎はじっとしている男ではありません。仕事に没頭し、得意先回りを欠かしませんでした。石炭商として道を開いたからには、もっと大きな仕事をしようというのが總一郎なのです。總一郎は、深川のセメント工場に石炭を売り込もうとしていました。ところが、工場の技師である鈴木儀六からそっけなく断られてしまいます。そこで、總一郎は石灰人足として雇われるのです。手際よく動き、機転の効いた毎日の働きぶりに、やがて儀六も總一郎を認めるようになっていきました。

コークスを燃料化する

總一郎に、不幸が続きます。明治8（1875）年2月の夜中、隣家の火事から火の粉が飛んできて、總一郎の家が燃えてしまいました。これまでに蓄えた財産が、みな灰燼《かいじん》に帰してしまったのです。さすがの總一郎も、このときは茫然自失といった有様だったでしょう。しかし、サクが傍らにいてくれたから、元気を取り戻せたように思えます。

今までの總一郎の働きが、周りの者の援助を誘います。横浜住吉町から寿町に転居して再起を誓います。總一郎とサクの奮迅がはじまりました。總一郎が常人と違ったところは、常に「何か」を見つけていることです。何かに気づくことを心がけているのです。

そんな總一郎に、以前から気になることがありました。横浜ガス局では、石炭を燃やした後に出るコールタールとコークスを利用することもなく山積みにしていたことです。總一郎は、世の中に無駄なものはないというのが信条でした。どのように姿を変えても、それぞれに天から授かった力があると考えていたからです。気になるとすぐ行動に出るのが、總一郎です。さっそく、ガス局へ行き、コールタールを買い込みます。この年の9月に長女、マツが誕生しました。總一郎が28歳、サクが18歳のときでした。

次に気になるのがコークスです。そこで深川セメント工場へ向かいます。久しぶりに会った鈴木儀六技師に、コークスを燃料化する実験を工場でやってもらおうと頼みました。西洋では、すでにコークスを燃料として使っていることがわかっていました。儀六技師は、実験費用を總一郎がもつことを条件に技師長に話をしてくれることになりました。そして、コークスの燃料化に成功するのです。

渋沢栄一との出会い

コークスの燃料化に成功したことは、すぐに知れわたりました。東京ガス局でも知るところとなり、コークスを買います。東京ガス局の局長は渋沢栄一でした。ここから、浅野總一郎と渋沢栄一との生涯にかけての出会いがはじまるのです。渋沢栄一は、天保11（1840）年に現在の埼玉県に生まれて、一橋家や幕府に仕え、明治維新後は新政府の大蔵省や民部省に出仕し、退官後は第一国立銀行の設立や王子製紙、東京ガスなどの設立や商工会議所などを組織した実業界の指導的役割を果たした人物です。

紙の製造にも燃料が欠かせません。總一郎は、王子製紙には東京ガスから出たコークスと磐城炭を代えてやることにします。總一郎は、石炭やコークスを運ぶために、自らが半纏《はんてん》に股引《ももひき》の格好で働いたといいます。常に現場で汗を流すことが肝要である、ということが肌身に染みついていたといえるでしょう。

そのような働きが、渋沢の耳にも入ります。「何か仕事のことで相談したければ、夜にお出でなさい」と渋沢がいっていることが、側近の者から伝わってきました。總一郎は、渋沢の家を訪ねます。渋沢38歳、總一郎29歳の出会いでした。

總一郎はこのとき、渋沢の風格と誰にでも応じる懐の深さを感じました。渋沢は、身体を張り、身を粉にして働く總一郎の生き方を好ましく思いました。お互いの今まで生きた道筋は大きく違っていても、そこに共感する何かがあったのでしょう。總一郎はコークスや石炭商の売上で、第一国立銀行への預金を膨《ふく》らませていきました。

明治10（1877）年に九州で西南の役が起こります。西南の役は、征韓論をめぐる政変で下野した西郷隆盛を中心とした士族たちと、政府軍との戦いです。このとき、九州に向かう政府軍を運んだのは岩崎弥太郎でした。岩崎は政府に優遇されながら、海運業を成長させていました。船は政府軍を運ぶために使われ、荷を運ぶ船がなくなってしまいました。ついに燃料の石炭が値上りして、京浜地区の工場の操業ができなくなります。

總一郎はすぐに動きます。当座、薪炭を石炭の代用として売り、その間に九州へ行ったのです。このとき、渋沢栄一に一筆書いてもらった紹介状をもっていきます。九州で石炭を仕入れると、船で京浜地区の各工場へ送り込みました。渋沢のうしろ盾により長崎から横浜への石炭輸送に成功したのです。こうして、總一郎は稼ぎにつなげていったのです。

しかし、こんどの出来事で、總一郎は違った意味での大きな経験もしました。岩崎弥太郎のように、政府とつながりの強い者が、優先的に利益を得るという事実に直面したことです。民間のなかで事業を拡大しようとしていた總一郎にとって、それは腹立たしいことだったのです。

コールタールの使い道

浅野總一郎の名が横浜で広く知られるようになると、おもしろい仕事も回ってきます。糞尿の処理の仕事です。当時の人たちは、道端で立小便をするのが当たり前でした。開港まもない横浜でも、立小便をする人たちがあちらこちらにいました。横浜は外国人の多い国際的な町です。そうした姿を見るにつれ、外国人からの苦情もでていました。總一郎を知っていた野村靖県令が、なんとかならないものかと相談をもちかけてきたのです。

横浜市中に共同便所がなかったわけではありません。83カ所あったのですが、穴を掘って4斗樽を埋め、板で囲っただけのものでした。衛生的にも満足のいくものではありませんでした。そこで總一郎は、西洋式の公衆便所をつくってしまうのです。明治12年、三方に出入り口のある、六角形のしゃれた西洋式公衆便所が63カ所生まれたのです。

そして總一郎の真骨頂は、便所に溜まった糞尿を集め、肥料として近隣の農家に売ったことです。契約農家からも喜ばれ、利益も上げるのが總一郎の商法です。これが、民間の活力といえるでしょう。

明治の時代になっても、コレラはコロリといわれたときと同じように、手の打ちようのない病でした。コレラが流行すると消毒用の石炭酸が必要になります。この石炭酸をつくるのに、コールタールが使われるのです。明治になってからもコレラの流行が何度もありましたが、明治14年にもコレラが大流行する兆候がありました。衛生局では消毒剤が少なくなっていて、役人が總一郎のところへコールタールを国家に提供してくれといってきました。いかに国家のためといえども、何かに使えるとの思いから買い込んでおいたコールタールです。總一郎はどんなに安かろうとも、値をつけて渡しました。そして、大きな稼ぎになっていきました。それが、總一郎の流儀だったといえるでしょう。

深川セメント工場の払い下げ

石炭商で成功した總一郎の次なるねらいは、セメント工場を自分のものにすることでした。深川セメント工場へは何度も足を運び、自分の目で隅から隅まで調べつくしていましたから、どうしてもセメントをつくりたいという野望が燃えてきます。

總一郎は、渋沢に嘆願します。總一郎の頭には、かつて産物会社をつくったときの考えがありました。出資者を募って利益を配当するという、今でいう「株式会社」の制度と同じものです。渋沢は、總一郎のアイディアに興味関心は示しましたが、すぐに賛成はしませんでした。セメント事業に乗り出すための専門知識が、總一郎にどれほどあるかが未知数だったこともあります。しかし、ほんとうのところ渋沢の考えは、總一郎に紡績業へかかわってほしかったようなのです。

深川セメント工場の操業には無駄が多すぎる、と常々思っていた總一郎は、一日でも早く自分の力でセメントをつくりたいと思っていました。それだけ、公の会社で働く人間たちには、利潤を生み出そうという使命感や、仕事に対する情熱とか真摯《しんし》な考えが少なかったのでした。渋沢は、總一郎の執拗な懇願に、ようやく動きはじめます。渋沢の動きから、官営企業の民間への払い下げという大きな事業が、少しずつ現実化しはじめてきました。

渋沢は、大倉喜八郎や安田善次郎らと東京商法会議所（やがて東京商工会議所になる）をつくります。新しい人材によって、日本の産業をさかんにしていこうという考えからでした。しかし、岩崎弥太郎はすべての産業を独占したいという野望をもっていました。渋沢とは、考え方にズレがあったようです。

国もただ手をこまねいて、セメントをつくっていたわけではありませんでした。セメント工場で研究開発してつくった人造石が注目されたのです。總一郎は、セメントの可能性にますます魅力を感じていきました。そして、とうとう明治14年の7月に、深川セメント工場の貸下げにより、経営が總一郎に任されることになりました。払い下げにはまだいたらないものの、操業を自分の意思でできるようになったのです。

最初の仕事は、皇居造営のために使うセメントづくりでした。あいかわらず總一郎は、工場で職工たちと一緒になって働きました。やがて、横浜の住居から東京の深川工場内にある屋敷に移り住むことになりました。檜づくりのりっぱなこの大名屋敷を、總一郎は「仙台屋敷」と呼んだといいます。この頃總一郎は、マツ、マン、コウ、ヤスの娘たちに囲まれていました。

官営のものを民間に払い下げる動きが活発になってきたのは、大隈重信の率先した働きからでした。しかし、そのことを口実に、大隈を罷免させる動きが起こりました。それが「明治14年の政変」と呼ばれるものです。大隈を下野させる大元になった北海道炭鉱から採掘される、北海道炭の販売を總一郎が任されることになりました。渋沢の口利きで、15年契約が結ばれることになったのです。このように、大隈は下野しましたが、官営物の払い下げの流れは止まりませんでした。

明治16（1883）年4月16日、深川セメント工場が払い下げになり、これで名実ともに總一郎の工場となりました。名称も浅野工場になり、ここに浅野セメントが誕生したのです。總一郎36歳のときでした。官営物の払い下げが活発化したといっても、民間人への払い下げはきわめてまれでした。岩崎弥太郎の三菱のように、政府に太いパイプをつくっている、いわゆる「政商」といわれるところへの払い下げとは違っていたのです。

海運業への道

北海道炭を販売するようになって、總一郎が気づいたのは、海運の必要性でした。石炭を遠くへ大量に運ぶには船を利用しなければなりません。海運業へ目を向けると、そこに大きな存在として出てきたのが、岩崎弥太郎という人物でした。岩崎汽船は独占体制で、運賃の価格を上げていました。

總一郎の次なる目標が海運業になるのは、自明のことだったといえましょう。必要なものが生まれれば、それを自らの手でつくり動かしていくのが、總一郎の身上なのですから。

そこでまず渋沢に話をもちかけました。渋沢は大蔵省にいた頃の後輩、益田孝に話をもちかけました。そして、官界の品川弥次郎と榎本武揚《たけあき》らが賛同することとなり、民間の船主たちによる新しい海運会社を設立する動きとなりました。

總一郎は、日本海側に物資を運ぶときのためにと、故郷の伏木《ふしき》へ行き、越中や金沢へ出かけて行って、船主たちに発起人委員になるようにと誘いました。こうして、明治16年に「共同運輸」という会社が設立されたのです。さらにこの年には磐城炭礦会社の発足もありました。岩崎の三菱と競い合うには、蒸気船が必要でした。そこで共同運輸は、「東京丸」と名づけた新しい船をつくりました。

明治17年、結婚12年目で長男が生まれました。總一郎待望の男の子に、泰治郎という名がつけられました。浅野工場の資金面と払い下げの手続きなど、すべてを終えたのがこの後すぐのことでした。

岩崎汽船と共同運輸の競争は激化していきました。自分よりも14歳下で、腕一本で築き上げてきた起業家總一郎の存在自体が、岩崎にとってはおもしろくなかったのかもしれません。運賃の値下げ騒動は落ち着く先を見せませんでした。激しい競争の最中に、岩崎弥太郎が亡くなります。享年52歳でした。事業は弟の岩崎弥之助が引き継ぐことになります。

値下げ競争は、それでも続きました。岩崎が相当な株をもっていたことも知られるところとなり、極端な運賃価格も出てくる始末でした。これには政府も黙認できなくなり、競争をやめるように勧告してきました。そして、岩崎汽船と共同運輸を併合するように、との勧告も出されてきました。

やがて岩崎汽船と共同運輸が合併し、日本郵船が設立されます。岩崎一族の岩崎久弥、岩崎弥之助の株保有率が他者を圧倒していて、日本郵船は岩崎一族の会社となったようなものでした。總一郎も、海運業をやめてしまうつもりはなく、新しく浅野回漕部を開業します。回漕とは、海運のことです。總一郎は、ドイツ製のベロナ号１１３トンを購入、古い船でしたが蒸気で走るりっぱな船でした。「日の出丸」と名前をつけて、これからの働きに期待しました。

回漕部が最初にした仕事は、北海道へ屯田兵を運ぶことでした。徐々に北海道炭や三池の石炭、磐城炭の運搬、伏木の米を東京へ搬送するなどの仕事が増えていきました。そうした折に、共同運輸時代の榎本武揚を訪ね、榎本の博識から学んでいました。榎本は、開陽丸や箱館の五稜郭の話におよび『万国海律全書』の話をしたといいます。總一郎は、「万国」ということに目が開かれる思いでした。榎本の世界へ視野を広げた話に共感し、これからは、世界に目を向けなければいけないと思ったのです。回漕部で次に買った船には「万国丸」と名づけられました。そして金沢丸、鶴丸をもち、船は4隻になっていきました。總一郎の海運へ賭ける志と夢は、大きく高まるばかりでした。

横浜港築港への夢

横浜港はその頃、大きな汽船が岸壁に横づけできず、艀《はしけ》という小さな船が汽船との間を行き来していました。荷物はこの艀によって運ばれていたのです。海が荒れたりすると、艀では積荷が危険にさらされることがありました。總一郎は、大きな船が直接岸壁に横づけできるようにしなければならない、と考えていました。

その横浜港築港の大仕事が、イギリス人のパーマーに任されました。パーマーは内務省顧問の土木技師でした。築港には、セメントが大量に必要です。總一郎は、日本製の浅野セメントが、いかに品質がよいかを話して回りました。

港づくりの大きなプロジェクトにかかわろうと奔走するなかで、つらい出来事がありました。それは、北海道炭の販売許可の契約を勝手にきられたことでした。憤懣《ふんまん》を渋沢にいったものの、渋沢は北海道炭くらいのことはいいじゃないかととりあいません。北海道長官や大物の実業家たちによるもので、この一件は總一郎も諦めるしかなかったようです。

浅野工場のなかにある仙台屋敷に住んでいた總一郎の一家でしたが、セメントをつくる石灰の粉や黒煙が身体によくないということで、明治22年、北新堀へ引っ越すことになります。總一郎は、工場内に住むことになんら問題はないと思っていましたし、仕事場に生きる、現場に生きるという身上からすれば、どのような環境であろうとも、工場内から去ることはなかったでしょう。しかし、長男の泰治郎が喉を痛めて血を吐くまでになってしまい、引っ越すことにしたのでした。北新堀に移ってから次男の良三が生まれます。明治

20年には、娘のタカも誕生していました。

明治の中頃になって、日本にはまだ国際的なレベルのホテルがありませんでした。そこで東京ホテルがつくられることになり、株主に總一郎も加わることになります。株主にはこの頃を代表する財界人の名が連ねられていました。東京ホテルは、後に帝国ホテルとなります。渋沢は、財界の大物を集めて「経済倶楽部」をつくります。いわゆる集会所のようなもので、財界人たちの情報交換の場所といえましょう。總一郎も、そうした財界人たちの仲間に入るようになっていました。

明治23年には、国会開設が実現しますが、日本が今までに経験したことのないような大不況に襲われ、各地で米騒動が起こりました。しかし、渋沢は九州の門司築港会社を設立し、渋沢栄一、大倉喜八郎、安田善次郎、浅野總一郎が出資者になります。總一郎もこれからは九州の時代との思いから、門司セメント工場の構想を打ち上げますが、不況の逆風にはどうにもならず、いったん頓挫してしまいます。

安田善次郎との絆

横浜港築港への期待を寄せていた總一郎が、本格的に動き出すときがやってきました。明治24年に入札がはじまり、セメント会社は浅野、大阪、愛知セメントの3社が落札しました。そして、ロシアのウラジオストック方面へセメントを輸出する仕事も入ってきました。シベリア鉄道敷設に使うセメントです。鉄道建設には、セメントが欠かせません。

サクが八郎を産み、總一郎は仕事に家庭に、充実した日々が重なっていました。總一郎の先なる事業は、石油へと向かっています。エネルギーとしての石炭からガスへ、これからは石油の時代になると考えていました。

横浜港築港に必要とされたセメントにかかわるなかで、イギリスのサミュエル商会を知った總一郎は、サミュエル商会からロシアの油を輸入します。そして、油をバラ売りするために石油タンクをつくろうとしました。平沼につくった石油タンクまで、横浜港東岸を流れる2本の川に沿って輸送パイプもでき、明治26年に浅野商店石油部が創設されます。今でこそ当たり前に見られる石油タンクですが、当時としては画期的な発想によるものだったのです。

東京ガスの役員をする總一郎は、ガス灯から電気の明かりになることを予感します。明治24年に京都の琵琶湖疎水で発電が実施され、日本初の水力発電が成功しました。總一郎は、水力発電に着目します。宇治川の水利調査と発電の可能性を、アメリカの技師、H・L・クーパーに頼むのです。總一郎のすごさは、自分に足りないものを他者から取り入れることです。専門的な知識や技術が必要なときは、専門家を雇って任せることをしました。もちろん、總一郎自身も現地へ何度も足を運び、自分の目で、頭で確認していきます。クーパーの調査が実り、明治25年に宇治川ダム式発電所の計画が立てられることになります。

浅野商会にも、新しい人材が登場します。渋沢は東京大学の高橋是清教授から、白石元治郎という青年を紹介されます。就職先を求めてのことでした。そこで渋沢は、浅野商会を薦め、白石は浅野商会で働くことになりました。実直に働く白石への總一郎の評価は上がっていきました。やがて、白石は總一郎の次女、マンと結婚することになります。明治27年7月のことで、8月には日清戦争がはじまる年でした。

鉄道敷設にも深い関心をもっていた總一郎は、青梅に鉄道を敷く事業に乗り出します。奥秩父と奥多摩には、大量の石灰があったので、魅力を感じていたのです。折から、日本各地でも鉄道敷設の事業が起こっていました。青梅の地元の熱意もあり、石灰石を運搬するためにも鉄道が必要だったのです。青梅鉄道の株主として、總一郎と安田善次郎が加わり二人の絆がここにはじまります。頓挫していた門司セメント工場が明治25年に設立され、門司との関係も強くなっていきます。

外国航路への夢——東洋汽船

日本国内の海運業から、外国航路へと總一郎の夢は広がっていきます。その発端は、ボンベイと日本との間に開く定期航路の実現でした。当時はまだ外国航路を開くのはたいへんなことでした。總一郎は、白石元治郎に市場調査と現状分析をさせ、企画構想をまとめてから渋沢に相談します。しかし、ボンベイと日本との航路は、日本郵船にやらせるつもりだといわれてしまいます。それで諦めるような總一郎ではありません。白石に外国航路の調査を継続して進めるようにいいました。

すると、日本政府が望んでいる航路がわかったのです。それは、横浜とアメリカの西海岸を結ぶ太平洋航路でした。日本政府は、外国航路を経営するならば国が援助するという法案もつくろうとしています。折から日清戦争の勝利で、国も発展的な動きをするようになってきていました。

明治28年、總一郎に六男の義夫が生まれ、4人の男の子に恵まれます。家庭の幸せを力に、總一郎の事業熱が高まっていきます。外国航路を開くための準備金が必要となり、浅野商店回漕部を閉めることにします。帝国議会に航海奨励法が提出され、外国航路奨励資金予算が国会を通過しました。そして、外国航路の会社「東洋汽船」の設立準備が、明治29（1896）年にスタートします。安田善次郎のいち早い賛同は、總一郎を勇気づけたことでしょう。渋沢栄一、大倉喜八郎も出資者になりました。6月に東洋汽船の創立総会があり、浅野總一郎が社長に選ばれました。

總一郎は、サンフランシスコに行き、ＰＯ汽船と交渉しました。すでに横浜とサンフランシスコの航路は、ＰＯ汽船とＯＯ汽船の大型汽船が9隻走っており、その航路で、新しく日本の船が走ることは不可能に近いことだったのです。しかし、總一郎はニューヨークにいたハンチントン社長とねばり強く交渉を続け、ついにこの航路に3隻の東洋汽船の新造船を走らせることになりました。何十年もこの航路を運行している英米の船も旧式になっていることに總一郎は目をつけていたのです。世界に恥ずかしくない新しい優秀な船の建造を決意し、約束したからです。

今度は、船を注文しなければなりません。總一郎は、英国に行き、サミュエル商会を通して、当時としては世界一優秀な旅客船を3隻注文します。東洋汽船の日本丸が第1回の航海をしたのは、明治31年10月のことでした。

石油事業へ乗り出す

越後の石油事業を展開していた總一郎は、宝田石油の大株主になり、越後での基盤をつくります。しかし、日本国内の石油埋蔵量には疑問を感じていました。将来的には、外国から重油を輸入しなければならないだろうと考えていたのです。

明治37（1904）年日露戦争がはじまり、船足の速い日本丸型3隻も政府に徴用され、インド洋方面に仮装巡洋艦として陽動作戦に派遣され、バルチック艦隊の動向を探ったりすることに使われたそうです。

總一郎が起業家としての夢を実現に結びつけていけるのは、セメント事業の順調な業績があったからでしょう。浅野工場は浅野セメント合資会社になっていましたが、鉄道敷設や築港、ダム建設などには質の高いセメントが大量に必要とされていたのです。總一郎は東京湾の築港計画に乗り出します。この計画にも安田善次郎が加わっていました。東京府へ許可を申請しますが、このときは却下されてしまいます。

明治38年、ポーツマス条約の調印が行われ、日露戦争が終わります。いよいよ東洋汽船は大型蒸気船の天洋丸を建造することにします。明治39年、59歳の浅野總一郎に勲五等双光旭日章が授けられました。

總一郎は、日露戦争以前から大型優秀旅客船の建造を考えていました。英米が日本丸型よりさらなる大型のサイベリア丸などの船舶を建造したために、それを越える優秀船建造の必要を懸命に叫び、実行したのが天洋丸型3隻です。

一方、總一郎は、石油事業には専門の技術者が必要だと考えていました。そこで、東京大学工学部から農務省に入った近藤会次郎を石油事業の技師長とし、当時としては東洋一の石油精製工場を柏崎に建設します。しかし、越後の石油量に限界を感じ、近藤会次郎と東洋汽船の顧問をしている水崎基一を渡米させます。カリフォルニア州にあるグラシオサ・オイルカンパニーとの原油買い取りの契約を成立させ、原油を精製して販売する会社「南北石油」が總一郎の手腕によってできあがります。南北石油の経営のトップには娘婿の寺田洪一をすえます。

こうして東洋汽船の船が、石油を精製した重油で外国航路を走るという總一郎の壮大な夢は、実現に向けて近づいていました。しかし、思わぬ障害が立ちふさがります。重油の輸入関税を引き上げるという議案が、衆議院で通過してしまったのです。外国の原油を輸入することに反対する世論が高まっていたのです。

東洋汽船で発注した大型船ができあがってきていました。その建造費を工面するために、總一郎は奔走します。窮したときに、安田善次郎が融資を承諾してくれます。安田は、總一郎の事業家としての実力を高く買っていたからです。總一郎はさらに大きな計画を安田にもちかけます。それは、東京と横浜の間に埋め立て地をつくろうというものでした。鶴見沖に150万坪の埋立地造成の計画が、總一郎と安田との間で、しっかりと交わされたのです。

石油事業は、トップの寺田が病に倒れ死を迎えると、幕をいったんは引きますが、日本初のタンカーを発注し、営業をはじめたことなど、石油界に多大な変革をもたらし、東洋汽船のきびしい局面を乗りきりました。その陰には浅野石油部の業績が好調という事実があったことは知られていません。

總一郎の傍らには、大川平八郎という人物もいました。大川は渋沢栄一の甥で、王子製紙で力を発揮していましたが、同時に浅野関係の事業の役員をするようになっていました。この頃、大川は東洋汽船の副社長になっていました。会社内部では株主総会で、大川新社長にとの流れも生まれていました。

豪華客船を走らせながらも、船の建造費を支払うことが負担になっていて、経営的に苦しい舵取りが続いていたのです。しかし總一郎は、今まで苦境をくぐりぬけて、ここまで育てた東洋汽船の社長の座を降りることなど考えてもいません。全財産を投げ出してでも、この苦境を乗り越えてみせる、といって株主たちを説得してみせたのです。

鉄の分野への道

東洋汽船の春洋丸が進水し、太平洋航路に新しい豪華客船が走りはじめました。そして、東洋汽船も赤字から黒字へと経営を立て直していました。東京港の築港も、安田と一緒に夢は膨《ふく》らみ続けていました。鶴見川の河口近くは、まだ葦の原っぱで、その向こうに遠浅の大きな海が臨めます。ここに、巨大なタンカーが横づけできる埠頭をつくり、岸辺には石油タンクや倉庫群、工場などが並んでいる光景が、總一郎の目に浮かんでいました。しかし、神奈川県から鶴見埋め立て許可の申請は下りません。民間人が政府によって成されるべき大事業を行おうというのですから、なかなか風当たりも大きかったのでしょう。

元号は明治から大正へと変わっていました。そして、大正3（1914）年になると第一次世界大戦がはじまり、日本も世界大戦に参戦せざるをえませんでした。大戦後は、東洋汽船がサンフランシスコ行きの全航路を掌握してしまいます。また、当時は總一郎が社長であった沖電気主体で、無線の歴史が本格的になっていきます。大正4年、長男の泰治郎が板垣退助の四女、千代と結婚しました。總一郎のセメント事業を最終的に受け継いでいくのは、總一郎長男の泰治郎なのです。

事業で儲けたお金は、次の事業へ活かすというのが總一郎の身上です。私利私欲のためにお金を稼ぎ、貯蓄していくという考えは毛頭ありませんでした。好景気にあれば、それだけの事業を膨らませていきます。船が好きで、船のためなら全財産を投げ打ってもいいという思いは、事業家としての總一郎との間に少しズレがあるかもしれません。しかし、總一郎の事業欲を支えていた唯一の楽しみが船だったのではないでしょうか。もちろん、その背景には、セメント事業の成功があったことはいうまでもないでしょう。

埋め立て地を造成して、大型船のつける埠頭をつくり、鉄道を走らせる、といった事業にはセメントが欠かせません。總一郎が次々にかかわっていく事業は、日本の近代化を進めるものでしたが、そのいずれにもセメントが必要とされていました。總一郎が動けば、セメント工場がフル稼働するといった具合です。

そして、石油事業を展開したときに、白石元治郎は油を送るパイプには鋼管が大量に必要になることを学んでいました。その経験が、明治45年に日本鋼管を設立することになるのです。總一郎は、鉄の分野にも目を配っていたのです。

浅野造船所を設立する

造船所をつくりたい。船が好きでたまらない總一郎は、わが手で船をつくることを実行に移そうとします。石狩炭礦の権利を三井に譲渡したお金で、造船所の建設にとりかかるのです。大正6年、横浜造船所を株式会社浅野造船所に名称を変え、場所も潮田地先埋め立て地に移転します。總一郎の早起きは昔からのことでしたが、この頃も日の出前には起きて、毎朝6時半には現場に出て指揮をとりました。そのときの格好は、ニッカボッカのズボンに長靴の出で立ちで、ステッキを握っていたといいます。

浅野造船所からは、大正6年に4隻、7年に8隻、8年に13隻と合わせて25隻が進水しました。外国航路の占有と自社でつくられる大型船、總一郎にとってこのときがいちばん楽しい時代だったのではないかと思われます。

セメント工場は順調に稼動していましたが、実は煙突から出る黒煙に、深川の住民から苦情がでていたのです。川崎への移転を考えていましたが、總一郎はこうした苦情に応えるために、集塵装置を取り入れています。大正6年に川崎セメント工場が完成しましたが、セメント事業発祥の地、深川からの移転は、集塵装置の効果があり取りやめることができました。公害に対処した取り組みをいち早く実行したのも、總一郎なのです。

浅野造船所は次第に大きくなっていき、三菱造船、川崎造船に継ぐ規模の造船所になりました。鉄の必要性を思っていた總一郎は、製鉄所の創設を手掛けます。大正7年、浅野物産会社を設立し、物産内に製鉄所をつくり、浅野製鉄所が完成して本格的な操業に入っていきました。そして、浅野造船所と浅野製鉄所株式会社を合併しました。この年11月に第一次世界大戦が終わります。

總一郎は、銀行業へも乗り出し、大正4年には昼夜兼業の銀行、日本昼夜銀行を開業します。これは、かつてニューヨークで見た年中無休の銀行からヒントを得たものでした。銀行名は、7年に浅野昼夜銀行となります。そして、浅野同族会社を設立し、総合的な事業展開をする「財閥」となったのです。24歳で富山から東京に出てきて、70歳で浅野財閥を築くまでになったのです。

水力発電にもかかわっていた總一郎は、故郷の富山で黒部川の水利調査をしていました。庄川にダムを建設しようと考えていたのです。大正8年、庄川水力電気会社を創立します。しかし、大正9年の不況で、ダム建設への資金繰りがうまくいかなくなっていました。

浅野綜合中学校を創立

ここで、ようやく浅野綜合中学校が創立される話がはじまります。總一郎が学校をつくろうとしたのはなぜか。起業家として、新しい道を切り拓いていくときに、必ず必要とされたのが専門的な知識と技術だったことはあきらかです。日本の近代化に貢献する事業を展開してきたなかで、總一郎が求める人材は、知識や技術を身につけ社会に出て役立つ人間の育成だったと考えられるのです。

浅野綜合中学校が創立されるにあたって、初代校長先生の水崎基一という人物を紹介しなければなりません。水崎は、明治4年9月28日、長野県東筑摩郡北深志町下々町（現・松本市）に生まれました。同志社大学で学び、卒業後は北海道の樺戸集治監で教誨師をしています。その後台湾総督府に勤め、辞任後はエジンバラ大学やロンドン大学で勉学し、明治35年に帰朝します。そしてその年に東洋汽船に入社し、明治41年に東洋汽船を辞め、同志社専門部に行って経済学の教鞭をとりますが、大正7年に同志社を去ります。

水崎は總一郎に、「お前は金をつくることには向かない。金をつくりより、人をつくれ」といわれます。總一郎は、東洋汽船で働いていた水崎を篤実な人間だと思っていたようです。水崎は總一郎が学校をつくるという構想にあたって、アメリカのオハイオ州にあるゲーリースクールに行き、そこで行っているゲーリーシステムという特殊教育制度を視察しました。そのゲーリーシステムを導入して、浅野綜合中学校が生まれるのです。

ゲーリーシステムとは、知・徳・体の教育を基盤として、実技的な教育もするというシステムです。つまり、木工鍛工などの技術科を設けて、家庭用具をつくったり修繕したりする能力を伸ばそうというものです。生徒が実社会に出たときに、すぐに役立つための素地をつくることが教育方針とされたのです。

大正9（1920）年1月12日、横浜子安町の丘に、浅野綜合中学校が開校します。浅野学園の校訓「愛と和　九転十起」の「九転十起」は前にも述べましたが總一郎の生き方から生まれ、「愛と和」は水崎基一校長の人生観から生まれた言葉です。

明治時代に西洋化が進められ、日本は近代化の道をひた走りに進んできました。總一郎が事業で社会に貢献してきたことは、今までみてきた通りです。近代化は、教育の分野でも徐々に進められていきました。西洋式の学校制度が導入され、小学校で学ぶ子どもたちの数が、少しずつ増えていきました。しかし、国の教育は画一的になりがちでした。生徒の個性を重んじた教育は、なかなかできませんでした。

大正時代に入ると、「大正デモクラシー」といわれ、社会のさまざまな面で民主主義の精神が流れていきました。教育にも自由主義の精神が活かされるようになり、個性的な私立の学校がつくられていきます。それは「大正自由教育」といわれる教育運動から生まれていきました。そのなかには大正10（1921）年創立「自由学園」（羽仁吉一・もと子）、大正11（1922）年創立「文化学院」（西村伊作）、大正13（1924）年創立「明星学園」（赤井米吉）などがあります。そして明治45（1912）年に創立された「成蹊実務学校」（中村春二）もあります。この学校は、岩崎小弥太が中・高時代の親友、中村春二を支援し、巨額な寄付によりつくられた学校です。

このように、浅野綜合中学校が開校する時代には、さまざまな私立学校創立の動きがあったのです。時代の先を読みながら事業を展開していった總一郎にとっては、学校をつくることも大切な事業の一環として考えていた、といえましょう。

安田善次郎の死

大正9年の不況は、浅野造船にも影響し、事業を縮小せざるを得なくなりました。しかし、總一郎と安田との結びつきは固く、東京市長、後藤新平の都市計画構想など明るい材料もあり、昼夜銀行の営業実績は伸びていきました。

第一次世界大戦の終結後、ドイツの賠償金代わりにカップフィニステル号という大型船が日本政府にもたらされました。しかし、日本郵船は燃費と安定性に問題があるとして引き取りませんでした。そこで、總一郎はその原因を調べ、東洋汽船で使うことにします。

航海に支障はないということを知らせるために、總一郎は大洋丸と名づけたこの船で、安田善次郎と航海に出るのです。上海、マニラ、香港、広東を回る航海には、妻のサク、娘の慶子も同乗していました。船上で安田は、總一郎に銀行のことを話しました。金融に関しては、安田に任せてほしいというのです。總一郎には、お金のことよりも事業に専念してほしかったのです。安田の融資があれば、東洋汽船を思いっきり動かせるという思いが總一郎にはありました。ここに、二人の思惑は一致したのです。

しかし、大洋丸が日本に帰ってから、悲劇が起こります。安田善次郎が、暴漢に襲われて亡くなってしまうのです。鶴見埋め立て事業を二人で実現しようと固い約束を交わし、今までどんなに力になってもらったかはかりしれない恩人の死。總一郎は、絶望のどん底に落とされたといっていいでしょう。總一郎はその悲しみからも立ち上がり、安田との約束、鶴見沖埋め立て地は完成されていきました。

海運事業では技術が進歩し、アメリカの船の速さに追いついていくことが必至となっていました。後から出発した船が早く着き、客や貨物を先に積んでいってしまうということが起こってきました。日本郵船や大阪郵船は、大型客船よりも貨物船に移行していました。お客よりも物資を乗せて運ぶほうが、効率がよかったからです。しかし、總一郎はサンフランシスコ航路や南米航路の旅客船にこだわりました。アメリカへ行くのに、外国の船に頼らず、なんとしても、自分の力で東洋汽船の航路を続けさせたいとの思いはますます強くなっていきました。

日本郵船は国内第1位の海運会社で、東洋汽船は第4位です。日本郵船が東洋汽船に関心をもつのは、總一郎がこだわり続けるサンフランシスコ航路や南米航路に魅力があるからです。そうしたところへ日本郵船の側から、東洋汽船合併の動きが起こってきます。

打越の丘に銅像が建立される

大正11（1922）年の暮れに浅野總一郎の銅像起工式が、浅野綜合中学校の打越の丘で行われました。浅野の関係者25万人が、一人20銭ずつ献金して建てるというものでした。こうしたなか、總一郎は小倉港築港のために動き回っていました。門司や小倉には大型船が横づけできる港が必要なのです。そのために、埋め立てをしなければなりません。總一郎の動きはとどまることがありません。

大正12年9月1日に、未曾有の大地震が起こりました。関東大地震といわれるものです。

この大震災で、浅野綜合中学校も丘の上の旧校舎が倒壊してしまいました。丘下の実習室が残ったので、間仕切りをして5教室をつくりました。天井もなく、床板もないので、銅像山から刈り集めた萱《かや》を編んで敷き詰めました。このときに水崎基一初代校長が奮闘され、休校したのは1カ月だけで授業を再開しました。

そして、大正13年の5月18日、總一郎77歳の喜寿のときに、寿像（銅像）の除幕式が行われました。このときの銅像は戦争のため昭和18年に供出され、現在の銅像は昭和33（1958）年11月9日、横浜開港100年の折に再建されたものです。

当時の卒業式に出た總一郎は、かなり太った体躯で、白髪に童顔、周りが礼服なのに一人だけ半ズボンの仕事着だったようです。創立者の挨拶に總一郎の真骨頂があります。

「わたしは小学校も満足に出ていない。しかし事業にかけては決して誰にも負けない。この京浜間の工業地帯の埋立も俺がやった。セメント会社も、製鉄会社も造船会社もみんなつくった。そこには大学を出た人が大勢働いている。人間は働くという観念が一番大事だ。今日ここにおられる県知事とか市長さん等は、わしが事業をはじめると、なんとか理屈をつけては邪魔をするが、事業をしてこそ市や県が発展するのだ。わしは働く人が一番好きだ。浅野の卒業生は、学問では官立の学校に負けてもよい。しかし、人が8時間働いたら、9時間。9時間働いたら、10時間と人より常に余分に働くことが大切だ。社会は真面目に一生懸命働く人を求めているのだ。」

ここに、總一郎が学校に賭けた夢を想うことができます。「社会に出てから、社会の役に立つ人間の育成」が、創立者の求める人間像だと思えるのです。

總一郎――83歳の生涯を閉じる

外国航路に大型客船を走らせることに固執し続けた總一郎でしたが、日本郵船が吸収合併の条件を出してきました。東洋汽船のすべての船とサンフランシスコ航路と南米航路の権利を引き渡すなど、まったく条件にもならないようなものでした。交換条件には株の交付額が提示されていました。總一郎が東洋汽船に愛着を感じていたのは、自らの手で大きくしたという誇りだったでしょう。株のいくらかに変えてすむものではなかったはずです。しかし、日本郵船にも関係していた渋沢は、東洋汽船を守り続けたいという總一郎の考えには同意しませんでした。渋沢は、岩崎も重要な人脈のなかに位置づけていたのです。總一郎は、耐えがたい悔しさのなかで、合併の条件を飲むのです。

總一郎の心のなかには、子どもの頃から見ていた故郷の富山湾という大きな海が広がっていたのではないでしょうか。そして、当時異国ロシアとも交流のあった江戸時代を代表する海運業者、銭屋五兵衛のように大海に千石船を走らせ、新しい世界に出るような大きな仕事をしたいという夢があったように思われます。

東洋汽船はなくなっても、總一郎がつくった船が海を走り、異国との交流は続くのです。外国へ行くには、船に乗って行くしかなかった時代。總一郎が開いたアメリカ西海岸や南米などの外国への道は、物資だけではなく人的交流も含めての文化交流が果たされた道だったでしょう。それは、映画やジャズ、西洋のマナーなどのように人々の心のなかに残されていくものでもあったと思います。

大正から昭和の時代に入り、昭和2年の4月10日にサクが息を引き取ります。總一郎の立身出世を陰で支え、浅野家の一族と家庭を守り続けた一生でした。總一郎の子どもと孫、ひ孫は100人を超えるといわれます。

總一郎が80歳になった昭和3年には、川崎鶴見沖に150万坪の大規模埋立地の造成が完成しました。そして、群馬県に水力発電所が完成し、ダムを建設します。発電所は、亡くなったサクを偲び「佐久発電所」と名づけられました。そして、昭和5（1930）年11月9日、總一郎は83歳の生涯を閉じます。この年に、庄川に東洋一の小牧ダムも完成し、発電が開始されたのです。

總一郎は、明治21年に民営のサッポロビール会社を創設したり、大正9年に大正活映を横浜に設立したりと、幅広い事業を展開しています。株主として創設に関与したものを合わせても、相当な数になります。そして、現在の鶴見線の駅名には「浅野」「白石」（白石元治郎）「安善」（安田善次郎）「大川」（大川平三郎）といった人名がつけられています。總一郎と縁のあった人名であることがわかります。總一郎の戒名は「積功院殿偉業総成大居士」。

まさに起業家として日本の近代化を推進していった人物でした。

稼ぐに追いつく貧乏なし

ここまで總一郎の人生をおおまかながら追いかけてきましたが、總一郎があれだけの事業を成し遂げたのはなんであったかということを考えたときに、私がまず感じるのは、養子に出されたということです。養子に出された子どもには、自分でもって、自分を支えていかなければならない、という意識が生まれるのではないだろうかと思うのです。

總一郎は故郷でも事業をはじめますが、東京に出てきてからも常に自分にできることは何かを追求していきます。それは、竹の皮から石炭、コークス、コールタール、セメントへと拡大していきます。自分ができることをただ必死になって展開していくなかで、結果としていろいろな業種の起業ということになっていったのでしょう。石炭を運ぶのに船が必要であり、鉄道が必要となればそれをも自分で手がけてしまいます。大きな船が横づけできない港には、埋め立て地を造成して埠頭をこしらえてしまいます。石炭や石油から水力発電に至るまで、エネルギーにも関心を注ぎ続けました。

そういう自分のやりたい事業ができたのは、總一郎を支えてくれた人物がいたからです。渋沢栄一や安田善次郎がいなければ、總一郎はここまで事業をやり遂げられなかったでしょう。そして技術を重んじ、専門の職人を配剤したことも特徴でしょう。人材を大事にし、現場でものごとを考えて指示を出す人でした。總一郎は、人によって育てられ、人を育てて、大人物になっていったと考えられるのです。

次から次へと事業を拡大することに膨大なお金を使いました。しかし、私利私欲のためにお金を稼いだのではありませんでした。事業で稼いだ金は事業に投資する。それが、結果として日本の近代化に貢献していきました。しかし總一郎は、日本の近代化のために、と最初に目標を掲げて事業をしていったのではないと思うのです。まず自分がやりたいこと、そしてこれはその時代に必要だと確信したから事業を行ったのだと思います。その象徴が、東洋汽船にこだわりつづけたことでしょう。

總一郎が亡くなると、長男の泰治郎が事業を受け継ぎ、膨張した事業を再編成します。浅野財閥は、浅野セメント・日本鋼管などを中心とした産業財閥として続いていきますが、第二次世界大戦後の財閥解体で、他の財閥と同じようになくなっていきます。

總一郎はみなに、「稼ぐに追いつく貧乏なし」といっていたといいます。正月には大勢の血縁親者たちに囲まれて、この言葉を揮毫《きごう》したといいます。總一郎にとって、家族は心のよりどころとして大切にされていました。養子に出された總一郎には、家族に対する熱き思いが人一倍あったと思います。

平成21年という時代に、浅野總一郎を知る人はあまりいないでしょう。しかし、現代のような激動の時代に、もう一度浅野總一郎という人物を考えることは大事なことだと思われます。銅像山の浅野總一郎が目をやる方向には、何が見えているのでしょうか。海を走る大型客船でしょうか。今なら、ジャンボジェット機を飛ばしているぞ、といっているかもしれません。

後藤新平が死ぬ前に遺した言葉で「金を残して死ぬ者は下である。仕事を残して死ぬ者は中である。人を残して死ぬ者は上である」というものがあります。私はまさに浅野学園こそが、浅野總一郎が残してくれたものとして思っています。私が校長職を預かって以来、生活目標にしているのが「熱いまなざしを自分へ、他人へ、社会へ、自然へ」なのです。この言葉を、浅野学園の創立者、浅野總一郎へ捧げたいと思います。

（このＰａｒｔでは敬称を略させていただきました）

Part Ⅳ
子ども受難時代の教育

原点に返って考える

21世紀に入り、時代はますます激動のさまを見せています。昨年（2008年）末からのアメリカ金融危機によって、世界同時不況という嵐が襲ってきています。雇用不安も、きびしい経済状況のなかから解消する兆しが見えません。こうした社会環境のなかで生きていかなければならない子どもたちに、どのような教育を授けてあげられるのか。これからの日本をリードしていってもらわなければならない子どもたちへの教育という使命は、今まで以上に重要な役割を与えられていると思われます。

子ども受難時代ということがいわれ、子どもを取り巻く日本社会の環境は、いいも悪いも含めて複雑化しています。ゆとり教育、学校5日制、中高一貫教育、小中連携など、子どもの指導方針がめまぐるしく変わってきています。しかし、こうした時代だからこそ、もう一度原点に立ち返って考えてみるチャンスがあるのだと思います。

浅野学園で教師を務め、校長職を預かりながら教育とはなんだろうかと、常に考えてきました。とくに中学受験について、生徒を受け入れる立場から小学校時代にもっと小学生としての生活、つまり知識や情報だけではなく、生活体験や経験をして生きる知恵を習得するための生活をして、中学生になってほしいという気持ちがあります。

現在は、中学入学後に中学生にするための学校の指導が、従来にも増して負担が大きくなりつつあります。学園で子どもを預かれる時間は、6年間です。中学から指導しなければならない立場から、中学入学前に家庭に望むこと、いい換えれば小学生へのかかわりを変えることで、子どもはもっと豊かに中学生活を送れるのではないかと思っています。すでにＰａｒｔⅠ、Ⅱで書いてあることとも重複するかもしれませんが、今の子どもたちに必要なことはなんであるのかを、このＰａｒｔⅣで書いておきたいと思います。

育ち方を教えることが教育の基本

教育は知識を教えることだという錯覚があります。知識を教えることが重要だった時代もありましたが、教育の基本は育ち方を教えることだと思います。ニートという言葉が使われていますが、ニートが問題になっているのは、彼らが育ち方を教えられていなかった結果なのです。なんのために学ぶのか、もう少し自分の生き方を指導してあげていれば、ニートは変わっていきます。レールを敷いてあげるのではなく、自分でレールを敷くことができるようにかかわることが大事なのです。

それではどのようにかかわればいいかといえば、人は社会のなかにあって生きているのですから、まずは自分に目を向けて、それから自分に何ができるかできないかを見極めていくことです。そして考えたことを、自己実現していくのです。

学校で生徒を林間学校に連れて行きますが、そのときの課題の根底にあるのが自己管理です。親から離れて集団生活をするときに、周りに迷惑をかけないための自己管理が必要になります。そして、自分の意思をはっきり相手に伝える自己表現力が求められます。

林間学校はまた、ベルが鳴らない教室なのです。つまり、時間の管理を自分でしなければならないからです。朝起きて、食事をして、今日はどのようなスケジュールで行動しなければいけないのか、などということを自分の頭のなかで把握しながら行動しなければならないからです。

こうした鍛錬は、幼稚園や小学校の課題であって、何も中学校の課題ということではありません。自己管理や時間の管理ができて対応している子どもは、とかく国語・算数・社会・理科など教科の理解度も高いし、点数もいいのです。ケアレスミスも少ないのです。それは、きちんと段取りができているからでしょう。

来週は算数の試験があるとすれば、1週間でどのように勉強しておかなければならないかという、段取りができるからです。料理や掃除、整理整頓の段取りと同じです。そういう段取りが生活面でできてくれば、勉強の段取りもできて、成績も上がってくるのです。

台所は対話の生まれる大切な場

中学校生活をより豊かにするためには、小学校のときから親が子どもに対してなんでもやってあげることをやめないといけません。某塾へ話をしに行ったときに、「どんな色の洋服が好きですか」と小学校6年生の男の子に聞いてみたことがあります。彼らは最初は恥ずかしがって答えてくれませんでした。周りにお母さんがいましたから。しかし、徐々に「ぼくは白」「ぼくは色がついている柄のもの」と答えが返ってきました。そこで「その洋服は自分で選ぶの」って聞くと、ほとんどがお母さんが買ってきているということでした。12歳になって自分が着る洋服を、お母さんが自分で決めて着せているのです。子どもにも自分の好みがでてきている年齢です。まず子どもに聞いて、それから買ってあげるようにしたいものです。こうしたささいなことのように思えることが、自己表現力につながると思いませんか。

テレビの視聴にしても、子どもが1週間毎日観ていたら、クラブと勉強を両立させるためにはどうしたらいいのかということを、子どもと話し合うようにすればいいのです。火・木・土がクラブだから勉強は帰ってきてからにして、月・水・金のうちから好きなテレビ番組を選ぼう、という具合です。テレビを観てもいいのです。テレビだけの生活から、生活のなかのテレビの時間を考えさせるのです。

子どもと相談したり、話し合ったりという対話が必要なのです。子どもは、親から一方的にいわれているだけだと思っています。そういうように育った子どもたちは、中学、高校生になってから、「生きる基準がわからない」というのです。親の指示通りに生活しているからです。

家庭でつくる料理についてはどうでしょうか。母親が働いていたりすると、コロッケは揚げてあるものを買ってきて、キャベツは刻んであるものを買ってきてという具合になりがちです。台所で包丁を使う母親を見る機会がほとんどないような環境で子どもが育っていきます。コロッケを母親が自分でつくると、母親の味が子どもに伝わり、できあがるまでの段取りも知るようになります。だんごのかたちをしたコロッケや真四角のコロッケもいいものです。

お正月のおせち料理も、今ではデパートなどで老舗のつくったでき合いのものですませる傾向があるようです。かつては、各家庭でおせちも味の違いがありました。それが、家庭の味として伝達されていったものです。料理は、家庭でつくるものという生活がなくなっていくことで、母親と子どもとの対話が生まれにくくなってはいないでしょうか。

台所は、家事をする母親と会話する絶好の場所になっています。ぜひ、その場所を子どもとの交わりに使ってほしいと思います。

ルールやマナーの指導は身の周りから

浅野学園には食堂がありません。ほとんどの生徒はお弁当をもってきて食べています。

しかし、自動販売機で食券を買っておけば、昼に弁当を届けてくれます。高校生は朝登校時に買ってきて食べてもかまいません。

なぜ食堂がないかといえば、生徒にはお母さんのお弁当を食べてほしいからです。中学、高校生、とりわけ高校時代に母親が子どもにしてやれることは何があるでしょうか。それは、せめて毎日のお弁当づくりだからです。家庭の手づくりの味と母親の愛情を大切にしたいからです。母親が忙しくて、どうしても朝お弁当をつくれないのなら、子どもにつくらせたらいかがでしょうか。前の日におかずを余分につくるなり、遅くなっても夜のうちに簡単な料理をつくっておいて、子どもに朝、「お弁当箱に詰めて行きなさいよ」といえばいいのです。

両親が共働きの生徒がいました。団地に住んでいて、彼は一人家に帰ると電気を点けて音楽を聞いたり、テレビを観ていました。洗濯物がベランダに干してあってもそのままです。洗濯物は母親が取り込んで、たたんでくれるものと思っているのです。そうした彼の生活環境がわかったときに、私は彼に「君が早く帰ったときに、洗濯物を取り込んで籠にでも入れておくとお母さんも助かるし、喜ぶでしょう」といいました。家の者が協力しあって生活していかなければならないときに、子どもだからといって例外になどなりません。子どもが家族のために協力することで、子どもが家族のお客さんから仲間になるのです。また、それによって子どもが家庭内での居場所をつくることにもなるのです。

今の中学、高校生の母親は40〜45歳くらいでしょうか。子どもが家族の一員として育てられていないと、育ち方を自分の子どもたちに教えられません。お金に困らなくなり、物質的にも豊かになってから育てられた人たちの多くは、家庭での身近なことをサービス業に任せてしまうことに慣れてしまいます。洗濯物のほとんどをクリーニング屋さんに出し、掃除も専門の人たちに任せてしまうといったことが起こっている世の中なのです。

食事をすませたら、一休みしてから家族で片づける。スリッパも脱いだら、揃える習慣づくり。こうしたことを、親から子どもたちに伝えていかなければなりません。親たちにもそのことに気づいてほしいのです。家庭における日常のこまやかなことのなかに、社会に出てから困らないですむ訓練がたくさん隠されています。ルールやマナーといったことは、身の周りに潜んでいるものなのです。

失敗は受け止め方が大切

家庭料理を大事にしてほしいという理由には、大きな要因があります。それは、失敗の体験です。今日は味が濃かったとか、焦げてしまったということがあります。母親も体調のいいときと悪いときなどがありますから、毎回同じようにはいきません。それが大事なのです。

失敗は、受け止め方が大切です。子どもは、料理はいつも同じような味にはならないことを知り、それでも母親の全体の味として受け止めていきます。料理に限らず、失敗は特別なことではありません。それを子どもに受け止めさせるのが、浅野学園の育て方です。

失敗したことから、「どうしてこうなってしまったのだろう」ということを認識して自分を見つめ、そして、他者とのかかわりあいのなかで、次はどうしたらいいのかをトレーニングするのが、思春期の課題です。とくに中学生の生活では重要になります。それが1年間でできている子どもは、成績もどんどん上がっていきます。

浅野学園に上位で入ってきた生徒と、繰り上げで入ってきた生徒との違いは、繰り上げで入ってきた生徒のほうが先生のいうことをよく聞くということです。どうしてかというと、勉強についていかれなかったらたいへんだからです。先生が、ああしなさい、こうしなさいという指導にしっかりと耳を貸して、きちんと守っていきます。だから1学期の半ばくらいで、成績が上位に上がることが多いのです。その生徒は、時間の使い方も、自己管理もしっかりと身につけるわけです。生徒の力に掲示発表者と繰り上げ者の間には、ほとんど差がないのです。でも、繰り上げの生徒にとっては、もし勉強についていけなかったらという危機感があるのでしょうね。失敗を乗り越えようとしているのです。

子どもの育て方は親の演出力につながる

高度経済成長期には、おいしいものを食べさせ、ほしいものを与えることが子育てになりました。しかし、実はそれは親の生活スタイルだったわけです。豊かな親の生活のなかで育てられている子どもが、成長して親と同じ生活ができるとは限りません。ときには、一から自分の生活スタイルをつくりはじめなければならないのです。これからは、子どもが自分で生活する能力を日々培っていくという育て方、生活の仕方が必要になってくると考えています。子どもを育てていくのに、一番いいのが子どもの生活能力を高めるということでしょう。

今の時代は、子どもが知識を得る方法や手段はいくらでもあります。どのようなかたちであれ、得た知識をなんのために使い、活用していくかという指導をするということが前提になければなりません。その前提があって、子どもを育てていくということが、子どもの社会性を高めていくことになります。

親は子どもと一緒にいるときに、毎日の何気ない食事のときや、テレビを観ているときに話をするなかで、子どもに何を考えさせ、何に気づかせるかということを頭に入れておけば、子どもの社会性や生活能力は育まれていきます。

親の意識は、子どもをどのように育てるかという親の演出力につながるといわれます。つまり、子どもへのかかわり方です。そのかかわり方が「演出力」にほかならないのです。子どもが幼稚園児であろうが、小学生であろうが、中、高生であろうが、こうした演出力の高い場におかれる子どもは、自分で考え、伸びる可能性が高いのです。

いいのか、悪いのか、できるか、できないか、というのは演出ではありません。どうしたらこの子がものを考えて自分でやれるようになるのか、扇の要のところをしっかりと押さえていれば、日常の生活のなかにいくらでも子どもを育てる機会はあります。その機会を活かしてやれば、子どもが伸びるチャンスになるのです。

現代では核家族になり、お父さんとお母さんと子どもという家族構成です。お父さんは仕事中心で、子どもが起きているときには家にいないことが多くなっています。子どもの教育は、お母さんの技量にかかってしまっています。もっといえば、お母さんと子どもだけの密室のなかで、子どもが育てられているといってもいいでしょう。こういう状況のなかでも、お母さんが子どもの社会性を伸ばすという意識をもっていれば、子どものほうも、失敗をしながらものを考えることができるようになります。

ここでお母さんが、子どもを早くりっぱに育てたいという効率性や即効性を追求してはいけません。そのようなことをすれば、子どもは伸びのびと自分らしさを発揮できなくなります。こうしたところに現代における普通の家庭の問題点があります。

いい子であったはずなのに、なんらかのストレスを抱えて、それを発散できずにトラブルを抱え込んでしまうと、問題行動を起こしてしまうことがあります。トラブルは1回だけの出来事ではなく、密室状態の生活のなかで毎日のように、抑えきれないものを抱えてしまっているのです。そこでは、子どもは適切な主張もできずに、コップのなかにはフラストレーションという水が溜まっていくのです。そのコップがフラストレーションでいっぱいになると、あるとき突然原因もわからずに、自分の葛藤を表に出す行動を起こすのです。それが、子どもの引き起こす社会問題、いい子、普通の子の非行、犯罪としてクローズアップされてくるのです。

伸びるチャンスは「遊び」のなかにある

今までの社会では、子どもが伸びるチャンスは「遊び」のなかにありました。3歳、4歳あたりの頃から外での遊びが大きな要素を占めていました。ところが、最近はそうした遊びがほとんどありません。外で遊んでいる子どもが見られなくなりました。遊びがあれば、子どもは自分の思い通りにいかないということ、自分の限界などの体験ができます。

たとえば、自分のもっているオモチャがいいものであったら、ほかの子はそのオモチャで遊びたがるでしょう。そのときに、お母さんが「みんなに貸してあげようね」といえるかどうかにかかっています。ほかの子のオモチャも借りて、一緒に遊べるような環境をつくってあげれば、子どもは自分のオモチャでみんなと遊べる楽しみを知ることができます。ここで他者とかかわるということがわかり、子どもにみんなで何かをするという社会性が養われていくのです。

残念ながら、そのようにうまくいっていないことが多いようです。30階、40階という高層マンションに住んでいる親子の話です。14〜15階より上に住む母子はなかなかマンションの遊び場へ下りてこないそうです。子どもは部屋のなかで母親と遊んでいるそうです。これでは、密室状態での生活になってしまいます。お母さんは、意識してでも子どものいる場へ子どもをおいてあげることが大切です。そこでは喧嘩がはじまるかもしれません。しかし、そうした葛藤があってこそ、子どもが人のなかで育ち、人のなかで自分を活かせるようになることへとつながるのです。それが、幼稚園であり小学校です。幼稚園で子どもに母親の顔を描かせると、下の階の公園で遊んでいる子どもは、母親の顔をはっきりと描けないそうです。母親より友だちとの遊びに夢中になっているからです。上の階の子どもは、しっかり母親の顔を描くそうです。

私の知り合いは、ひとりっ子で母子二人だけではよくないと、スポーツジムのグループへ週1、2回子どもを連れて行っています。そこで遊ばせて人とのかかわりあいの経験をさせて、社会性をつけさせながら、その日の体験や反省の会話を交わして子どもを育てています。そのような意味では、生活能力を高めるためのかかわり方として、ただ子どものいる場所に子どもをおくというだけではなくて、おいたうえでどのような意味をもたせるのかということを考えるチャンスへとつなげていくことが大事です。そこに、集団生活を活かす親の演出がうまく展開するかどうかがかかっているのです。

自分らしさを取り戻そう

現代では「指示待ち人間」が多くなっているようです。子どもだけではなく、大人たちも「指示待ち人間」なのです。それは育てられ方が、パターン化した躾《しつけ》、指導を受けてきたからです。そういう育てられ方をすると、ちょっと違った状況に遭遇するとどうしたらいいか困惑状態になってしまうのです。他の人と違う行動をとるのが怖くなってしまうのです。これが、戦後社会の高度経済成長期以降から現代社会までに育てられた人間の象徴といえましょう。

かつては、ヨーロッパやアメリカ等の先進国に習うべきモデルがありました。現在の日本では、もはやモデルは存在しません。どうしてかといえば、日本は先進国の仲間入りをして、これからは自分たちで生活モデルを形成していかなければならないのです。しかも世の中、想定外の問題が日々起こるようになっているからです。

モノが少ないときは、ほしいモノをつくれば売れました。さらに珍しいモノをつくれば、人は飛びつきました。そうしたモデルは先進国や知識人と呼ばれる人たちにありました。しかし、文明が進み文化が爛熟するようになると、みなが同じようなことしかできなくなってしまいました。今では、自分らしさ、自分の家庭らしさ、自分の会社らしさといったオリジナルなスタイルが求められています。オリジナルなものは、「指示待ち人間」からは生まれてはきません。

サッカーでも、オシム元日本代表監督が目指していたものは、臨機応変にプレーできる選手の養成でした。従来のパターン化したセオリー通りの戦略だけでは勝てなくなってきているからです。オシム元監督は「走れ！」といいます。走るのは当たり前であり、走り負けてはいけません。そして、走りながら相手をかわすためにはどう自分が動いたらいいのか、動くべきなのかを考えていなければなりません。一つひとつ支持を受けるのではなく、相手や自分のチームの選手がどのように動いてきているかを見抜いたら、自分は先取りして、瞬時に動くという動作ができる選手が求められているのです。自分が動きながら、周りのことに気づくことの必要性がここにあります。これからの時代のサッカーは、こうしたことができなければ通用しないというのが、オシム元監督の考えです。これが「考えるサッカー」なのです。

今、社会が求めている人間についても同じことがいえます。最近よく「出る杭になれ」といわれます。人と違う発想ができるというのは、いろいろな人との触れ合いのなかで得た経験や体験があるからです。そして、ただ体験をするのではなく、体験から学ぶということが大切です。関心をもたないところからは何も生まれません。どんなに能力があったとしても、知識があったとしても関心がなければダメです。

臨機応変に対応できるということは、知識以外の素地をたくわえているからだといえます。社会のなかで生活していて、こういう場合、ああいう場合にはどうするかという思考ができる経験や体験をしている。それが、自分らしさを相手に理解してもらえる最大の武器だと思います。

葛藤は人生の試練

葛藤というものは、人が生きていくうえでの試練ともいい換えることができると思います。中学校に入学してくる思春期の生徒たちには、自分の生活スタイルや生活のリズムがまだできていません。それは、小学校時代に友だちとの触れ合いが充分できていないからです。触れ合いのなかから葛藤が生まれ、自分とはどんな人間なのかを知るきっかけができていきます。

幼稚園、小学校のときから人との関係を円滑にし、葛藤を乗り越えられる体験をしておくことが、中学・高校時代に自我に芽生えたときに役立つのです。小学生のときは、まだフラストレーションから、その場その場でもって喧嘩のようなものがでてきて、中学校へ上がってきます。つまり自我と自我のぶつかり合いがはじまるのです。自分におもしろくないことがあると、みんな否定していきます。ここで、自分の生活スタイルを乗り越えなければならなくなります。

学習面では、小学校で宿題がないということが問題です。高度なレベルの学習になってきているのに、家庭学習がほとんどなされないのです。今日学んだことを復習することで、自分の学力になっていくのです。しかし、宿題がないから、復習もしなくてすんでしまいます。

文部科学省が全国学力テストを実施したところ、1位が秋田県でした。その原因のひとつは、県の教育長が8年間変わらなかったことと、「復習ノート」をつくったことだそうです。子どもが復習してきたら判を押すだけでもいいのです。先生は君たちを見ているよ、という姿勢が子どもに伝わっていることが大事なのです。授業のやり方も大切ですが、授業が終わった後で、どれだけ自分の教え方で生徒たちに伝わっているか、先生方の到達度チェックができているかどうかが大事なのです。

部活動と勉強との両立もしなければなりません。しかし、文武両道は簡単にはいきません。部活動をやっている生徒と、やっていない生徒では生活のリズムが違ってきます。時間の使い方や自己管理の仕方が違うのです。部活動をやる生徒には、部活動をしながら勉強をするような生活の仕方を指導してあげなければなりません。

浅野学園でも、上位層の生徒は毎日テレビを観てはいません。勉強も部活動もやりながら、テレビ番組も選択して観ています。そういうリズムづくりを支援してあげることが文武両道につながります。部活動でがんばったエネルギーを、そういう生活リズムに活かすことのできるような生活にしていくことを認識させてあげることが、文武両道なのです。

勉強一辺倒でもいけません。たとえ1日30分でもいいから、身体を動かすべきです。部活動を中1から5年間やってきて、高3になって勉強だけに集中しようとしてもうまくいかないものです。5年間のリズムを大切にして、少し身体を動かし、ストレスを解消するという新しいリズムをつくりだしたほうが賢明です。

外へ目を向けることが大切

子どもたちが経験や体験をするために、いろいろな行事にどんどん参加させたほうがいいのです。ボーイスカウトやガールスカウトに参加している子どもに、よく気づき考えて行動することのできる場合が多いようです。子どもが外へ出て行動するときには、危険やトラブルが伴うかもしれません。けれども、人のなかに出してあげることによって、ものごとを前向きにとらえる気持ちが養われていくのです。

先生は、そうした演出をしなければなりません。何も問題がなければいいというのではなく、子どもたちを踊らせるような演出をしてあげることが重要です。子どもたちは、その演出によっていろいろな壁にぶつかり、ハードルを乗り越えて、喜びを感じることにつながっていきます。これが教師や親の役割であり、かかわりあいの意味なのです。

自主性とか積極性とか協調性というものは、子どもの行動のなかで自然と養われていくものです。外へ出て行くための演出をせずに、「うちの子は自主性がなく、閉じこもってばかりいます」という親がいます。親のなかにそうした積極性がない場合は、子どもにとって不幸です。子どもは誰からも育てられるものです。家庭でなくても、友だちに影響を受け、友だちと一緒に行動したから、自主性が芽生えることだってあります。

一人ではできなかったことが、友だちと二人だったらできたという経験をすることも大事です。自分の限界と他者の力を認識し、人の大切さを学ぶことになります。何かやるときには、あいつに頼もう、こういうときには、彼と一緒にやろうという考えが浮かんできます。これが、人間関係づくりなのです。

閉じこもりがちな子どもたちも、カウンセリングをするだけではなく、気の合う友だちと接するようにしてあげられれば、外に出て行くことができるようになります。それだけ、他者とコミュニケーションできる場づくりを演出することが重要です。

だから、学校はいろいろなトレーニングをするために学校行事をたくさん組んでいます。総合的学習で生活体験学習を行っているのも、その必要性からです。生活体験は家庭でもできます。親が積極的に、かかわりあいを演出できるかどうかにかかっているのです。

時間を守らない子どもが、小学生から中学生にかけて多くなってきています。浅野学園は、決めた時刻に決めたことをやる学校です。時間への観念を育てていくのです。研修としての林間学校でも修学旅行でも、すべて5分前行動です。時間の使い方には、努力が必要です。時間を守ることは、自分のためにだけ必要なのではありません。他者とのコミュニケーションには、決まりごとを守るという約束がいちばん大事なのです。外へ出るということ、人とのかかわりあいをもつということには、決められた時間を守ることができるかどうかという意味が含まれています。時間にルーズな一人のために、ほかの人たちの迷惑になることがあってはなりませんし、それでは、コミュニケーションが成り立ちません。

自分の羅針盤をもとう

答えのある、いや正解のある子どもの育て方はないと思います。ですからレールを敷いてやるのではなくて、子どもが自分でレールを敷けるようにサポートする。小学生や中学生のときに、レールからはずれたら、元に戻れるような支援をしてやれる。そして、自分の修復も自分でできるような生き方というものを鍛練することが大切です。

そこには、悲しみも涙もあるでしょう。けれども、そういうものを一緒に歩んであげて見届けてやることが大事です。自分がどういうふうに子どもとかかわっていったら、この子が一歩前に出るだろうかという、そういう葛藤を親自身ももちながら乗り越えるときに、当然親も成長しているということになります。子どもも親と一緒になって、生き方としての成果が生まれます。

中学入試はゴールではありません。数年前に、5回も6回も私の学校説明を聞きに来てくれていたお母さんの子どもが受験しました。やるべきことはやらせた、後は運次第だということで受験しましたが第一志望校の浅野学園中学校には、残念ながら受かりませんでした。模擬試験の成績は、充分合格するランクに入っていたのです。

子どもが「お母さん、ありがとう。ぼくもやるべきことをやったし、お母さんもやるべきことをしてくれた。ほんとうにありがとう」といってくれたといいます。今、ほかの中学校に入って笑顔で元気にやっています。親も成長し、子どもも成長したいい例です。受験というハードルを乗り越えて、その受験が親子の共通の財産になっているはずです。

親というのは、こうあるべきだということではありません。子どもは千差万別ですから、教師も45人の生徒を見ていて、45人を同じように指導はしません。共通項は同じですが、それぞれの子どもに合わせた指導をします。先生はこうあるべきだ、親はこうあるべきだ、というパターン化されたものを見せつけられることで安心し、そうなのだなと、そこで留まっていた時代が長かったという気がしています。

自分の羅針盤がない子どもは、そういう時代の親に育てられてしまったのです。自分には生活基準というものがない、という若者が多くなっています。だから、人のいうことや行動に影響を受けてフラフラしてすぐブレてしまうのです。こういう場合には、親も教師も、まず自分らしさを形成してやることが必要です。君はこれでいいのだ、そういう考えでいいのだ、という支援をしてあげることが大事です。もちろん、社会に適応できない利己主義的な自分らしさはダメです。

人の真似ではなく、自分を高めるための挑戦をするくらいの気持ちがあっていいのです。自分はこうなのだ、というものをもっていれば、他人に関してもどうでもいいということはなくなります。そこで初めて、人との真の触れ合いが生まれてくるのです。

人は人のなかで育ちます

人間は1、2歳になって歩き出すと、親に手を引かれるより自分で歩こうとするでしょう。私は、あれが原点だと思うのです。転びそうになりながらも、自分で歩きたいから歩こうとする。自分で何かをやってみたいという欲望をもっているのが、人間なのではないかと思います。そして、何かをやるために知識を得たり、知恵をもったりすれば世界が広がっていきます。

ところが、その過程でうまくいかなかったりすると、何かをやることを中断して、ひきこもりになってしまうのではないでしょうか。登園拒否や不登校といった子どもが現れてきます。出社拒否などという、大人にもこうした兆候があるのです。

人はなぜ閉じこもってしまうのだろうか、学校や会社に行くのがいやになってしまうのだろうか、と思ったことがあります。学校というのは、楽しいところじゃないか、会社だっていろいろな刺激があって仕事にやりがいがあるだろう、と思いました。

しかし、もし学校や会社で失敗したりしていやな思いをしたら、やはり行きたくなくなるでしょう。本心は何かやりたいのだけれども、理性的なものや羞恥心といったものが、前向きだった心をストップさせてしまうのです。

私が日赤の青少年赤十字の主催するリーダーシップ・トレーニングセンターで経験したのは、いろいろな学校の生徒たちとの交流でした。進学校といわれる学校の子どもたちは、馬鹿なことをいったら恥ずかしいという気持ちから、はじめは様子をみています。反対にとかく進学校ではない学校から来た子どもたちは、自分は何もできないからと消極的になっています。それを一緒に行動させるようなプログラムをつくるのです。

3日ぐらい経つと、今まで何かやるたびにお互い押さえつけられていた生徒が動き出します。ひとつの研修テーマを中心に参加している生徒が前向きな触れ合いをするのです。こういう特徴が、実は高校生のなかにあるのです。人というのは、人のなかで育ちます。元気よく自分らしいものを主張したいのです。やがて、学校の違いに関係なく生徒たちがそれぞれに持ち分を活かして、うまく交流をはじめるようになっていきます。このトレーニングセンターは、人との交流の機会を与えて、人のなかで自分育てをする場なのです。フェイス・トゥ・フェイスの指導、携帯ももたせない生活です。こうした場で生徒にはさまざまなエネルギーが活性化されるよう、社会的トレーニングのメニューが準備されているのです。

お年寄りにも同じことがいえます。団地の集会所で、囲碁や将棋を楽しんでいるといったことだけが、お年寄りの生き方ではないと思います。もっと外へ出て、人と人との触れ合いのなかで、自分の培ってきたものをお互いに交換できる生活をすることが、人間の原点として考えられていいのではないでしょうか。お年寄りでも、元気ならばいろいろな場で自分を活かせることが人の生きがいにもなると思うのです。

反抗期には凧揚げ教育を

子育てに時代の違いはありません。いつの時代でも、親は子どもを育てるために何をしたらいいのかということを考えていなければなりません。自分の子どもをよく見て、育てるためのかかわりあいをしてあげなくてはいけません。

両親が共働きで、子どもが家に帰っても一人きりという家庭が多くなっています。子どもと接する機会が少なくなり、子どもが抱えている悩みや心配事にも関心が届きにくくなっています。親の学歴が上がってきているから、自分の子どもには母親や父親以上の学歴を望みがちです。子どもと顔を合わせれば、「勉強しっかりやっているの」とがんばらせるつもりで声をかけてしまいます。

気をつけてほしいのは、子どもには反抗期というものが必ずあるということです。今の中学生をもつ親御さんたちは、比較的自由に育てられてきています。おばあちゃんやおじいちゃんにも大切に育てられてきたでしょう。何かほしいものがあり、お金で買えるものならば、手に入れることができる境遇で育ってきています。恵まれた環境で育ち、自分が反抗期のときも、それほど意識しないで育ってきてしまったという人たちが親になってい る場合が多いようです。

しかし、ちょっと自分が子どもの頃を思い出してみてください。必ず反抗期といえるものがあったはずです。お母さんが自分の好きな料理をつくってくれたのに、食べたくない、といってしまったり、お父さんが散歩に誘ってくれたのに、行きたくない、といってしまったり、といったことがありませんでしたか。ほんとうは、もっと素直になればよかったのに、といったことがあったはずです。

明確な意味もわからずに、ただ反発してみたくなる。それは、子どもが成長していく過程によくあることなのです。自立していくための歩み出しともいえるものです。そのときのことを忘れてしまって、自分の子どもにはどうしたらいいかとまどっているのではないでしょうか。

反抗期には、凧揚げ指導が大事です。凧を揚げるときの状況を想像してみてください。風が強く吹いているのが、反抗期なのです。そういうときは、糸を少し出してあげるのです。ところが実際には糸を引っ張ってしまう、つまり子どもを抱え込もうとしてしまいます。すると、糸が切れて、子どもはどこかへ行ってしまいます。

風が強く吹いているときは、糸を伸ばしてあげましょう。反抗期は麻疹《はしか》のようなものですから、必ず治まります。風と同じです。それまでは我慢して糸を少しずつ出して、自由にさせておいて、風が止んできたら糸を引いてやるのです。これを、私は凧揚げ教育といっています。そうすれば、親だって肩の力を抜いて子どもにかかわれるでしょう。

バランスのとれた指導を

指導の仕方として、管理型指導と自主性尊重型指導があります。管理型指導をすると、創造性が育ちにくく臨機応変さも身につきにくくなります。いわれた通りのことだけをやり、自分のレールが止まったら、その先へ行くことができません。自分で歩んでいくことができなくなってしまいます。こういう子どもは、ものわかりがよく、いうことを聞くよい子という印象を与えます。しかし、爆発したりトラブルを起こす危険性が大きいのです。

自主性尊重型の指導をすると、子どもは自分の考えで思うように生活するようになります。自分で敷いたレールを勝手に走っていきますから、ときどき支援してあげないといけません。見守りながら、ときどき声をかけてあげることが必要です。自主性と称して、子どもの好き勝手にしておいては、子どもの社会性は育ちにくくなります。そして自分の思うようにいかないことに対峙したとき、孤独に陥りやすくなります。この二つの指導は、どちらがいいのかということではなく、どちらもバランスよくかみ合わせて行うのが望ましいのです。

こんなことがありました。あるとき電車に乗っていたら、1歳くらいの女の子をバギーに乗せたお母さんが3歳くらいの男の子を連れて同じ車両に乗ってきました。お母さんはすぐ座席に座って、バギーをストッパーで止め、動かないようにしました。そして、男の子に「座らないの？　ドアのところで大丈夫なの？　立っているのなら手すりにつかまるのよ」と声をかけたのですが、電車がすぐに走り出して、男の子は転んでしまいました。お母さんは、「痛いの痛いの飛んでいけー」といって、男の子の膝をなでてあげていました。「立っているのだったら、手すりにつかまるのよ。また転んで痛い思いをするのいやでしょう」と話しかけたのです。

私は、このお母さんのかかわり方に感心しました。座るか座らないかは、男の子に任せ、転んだことで次のことを教えているのです。普通は、最初から強制して座らせてしまうか、子どもの好きにさせて転ぶと「ほらお母さんがいったのに！」で終わってしまうのではないでしょうか。しかし、失敗をまず認めてあげる。そこから体験すること、経験することで学ばせる。子どもを指導するということは、こうしたこまやかなことを繰り返していくことなのです。管理型であれ自主性尊重型であれ、指導というのは気の長い道筋の過程でなされていくものだと思うのです。子育てに促成栽培はないというのはこのことです。

夢を実現するための道具を磨こう

私が浅野学園で生活目標に掲げている「熱いまなざしを自分へ、他人へ、社会へ、自然へ」という言葉は、人として社会に出て行くために必要だと思われるキーワードです。小学校・中学校・高等学校での勉強の目的というのは、将来の夢を実現するための道具をもつことだといっています。生活目標をしっかりと自分自身のものとして身につけて、夢を実現するための道具をつくっていけばいいのです。

将来自分が何をするのかが決まったときに、どれだけ実現するための知識や知恵をもっているか、エネルギーをたくわえているかが重要です。そのための勉強を小学校や中学校で学習しているのです。高等学校のほうは、進路の問題が出てきますから、そのコースに沿って自分を活かすさらなるたくわえをします。それが勉強というものです。決してやらされる勉強ではなく、自分を高めるために自分から学習に取り組む。そういう姿勢があっての勉強だと、私は考えています。なんのために勉強するのか、子どもに学ぶ意味を理解させることも大切なのです。

野球のイチロー選手も、小さいときから素振りの練習をしていたように、基本の動作を繰り返し行っていくことが大事です。試合の結果に練習の成果が出なかったときは、どこが足りなかったのかを考えて改善していくのです。だから、私は生活目標の次に「昨日と違う自分づくりをしよう」という言葉を付け加えて、その額を生徒の出入りする職員室の入口に掲げています。

中学校では、小テストをよく実施しています。これは点数をとるだけのものではなくて、どこができてどこができなかったのか、どうしてできないのか、どうしたらできるようになったのか、自分を見つめるチェックでもあるのです。

点数がとれるというのは、関心をもって学習をしているし、時間をかけてもいるのです。点数がとれるから積極的に自主的に取り組んでいけるわけです。逆に点数がとれない教科があれば、それを早く認識して自分の弱点を補強していかないと、その教科がいつか不得意科目になってしまいます。本来、勉強というのは自分のできないところ、不得意なものを主体的にするのが勉強だと思います。

ところが、たいていの場合は得意な教科を先にやって、不得意な教科を後回しにします。家に帰ったら、まず不得意な教科を先にやって、それから得意な教科に取り組む環境づくりをしてほしいものです。得意なものは、たとえ勉強時間が短くても効果が上がるものです。集中して取り組んでいるからです。

勉強は何をするのかといえば、できないもの、わからないことを勉強するのが目的なのだということを、認識してもらうことだと思っています。

どこでも学習できるチャンスがある

時事問題に関心をもつことも大事なことです。社会科の教科書だけで社会のことが勉強できるというわけにはいきません。生活のなかで世の中の問題を認識していくことが、問題そのものをリアルに受け止められるので、そこから自分の考え方が生まれてきます。

子どもたちにとって、自分ではどのように考えたらいいか迷うような社会問題についても、両親や兄弟姉妹との会話を通して、考えるヒントが得られます。そうした意味でも家族団らんの場は、子どもたちにとってかけがえのない学びの場なのです。

とくに小学校低学年の子どもの場合は、地球温暖化など世界的な問題から衆議院選挙など国内の問題まで、社会へ目を向けさせる土壌づくりが家庭のなかにあることが大事なことです。世の中は今こうなっている、それに対してどのように思うのかを、自分の今のレベルで話し合えばいいのです。

親が知識を与えるような押しつけの話になってはいけません。どうしてこのような事件が起こるのか、その背景を説明してあげることが大切です。親もいいかげんなことをいってごまかさずに、わからないことは正直に話し、子どもの目線で社会の現象に「なぜ？」を投げかけていくことが望ましいのです。同じように、理科の教科なども生活のなかで学ぶべきものがたくさんあると思います。

どこでも学習できるチャンスがあるということです。物事に関心をもつことがいちばん重要です。私が常にいいつづけている、「気づき教育」の必要性がここにあります。「先生、そんなことぼくには関係ないよ」という生徒に対して、関係ないものが、いつどこでどのように関係してくるのかを気づかせる育て方をしてほしいものです。

物事に関心をもって、いろいろなことに気づく生活スタイルが必要です。よく気がつく人というのは、今企業や社会でいちばん求められています。どこに目配りをするかということから考えていくことで、多様なものに興味をもてるようになります。気がつき考え行動するというのは、気が利くという一面でつながっています。今「人と同じことを」という、同質的生活感の強い社会で求められていることの大きな要素がここにあると思います。

エントリーシートを書くことのススメ

私は硬式テニスをやりますが、なかなか勝てません。しかし、試合のたびに負けても、それは学ぶことの重みでした。テニスもがまんのスポーツです。チャンスが来るまで相手から打ち返されるボールを返していれば、相手がミスをするか、自分に攻めるチャンスが生まれるのです。でも、それが待てずに自滅したり、基本の返しができず、負けてしまうのです。また、負けたときどうして負けたのかを考えて、それを練習課題にすると腕が上がってくるのです。結局、私は練習の仕方、させ方、これが大事なのだということに気づきました。

高校生に、自分を磨き上げた出来事を書かせます。つまり、エントリーシート（自己推薦書）を書かせるのです。エントリーシートを書くことで、自己変容がどのような体験から起きたかがわかります。体験や経験は、そこから何を学んだかが大事です。体験や経験をしたことで、自己変容したということが、体験や経験に意味をもたせるのです。

浅野学園の中学入試で、社会科の問題で環境問題に関して出題したことがあります。あなたの家庭でエコ対策していることは何か、どういうことに気配りしているかについて、15字で書きなさいという問題です。これは社会科の知識をもっていても、実際に家庭のなかで環境に関心をもった生活をしていなければ書けません。

家庭で節電や節水のことを話し合っていれば、容易に書ける問題です。最近は、入学試験でこうした問題を出題する学校が多くなってきました。生活のなかで自分の考えをまとめて書くという、自己表現力が求められるようになってきています。

意見作文の力は、すぐにつけられるものではありません。ふだんの生活のなかで、いろいろな体験や経験をどれだけ活かしているか、自分で考える練習をしていくことが大事です。考えていれば、それを文章にしていけばいいわけです。文章力は、その後からついていきます。

問題意識をもちつつ、読書することをすすめます。時事問題に興味がわいてきたら、自分が関心をもったことについて書かれている本を読むことが必要です。図書室に行けば、自分の疑問に答えてくれる本がたくさんあります。その本を探すことも経験につながっていくのです。本を読むことで、文章力も身につけていくことができます。

自然へのまなざしを

現代は、理屈だけの社会になりつつあるように思います。本音と建前があれば本音だけ、本体とのりしろがあれば本体だけ、といった生き方になるとストレスが溜まってしまいます。しかも、人間が生活するうえで、無駄と称するものは排除していく傾向があります。こうした効率主義の社会環境のなかに、現代は入り込んでしまっています。

疲れた人間を癒すために、癒しがサービス業としてビジネスになっています。そうしたサービス業に頼らなくても、自然が人間を癒してくれることを振り返ってみましょう。里山という風景を思い出してみませんか。小川のせせらぎ、鳥の声、風の音が聞こえてきませんか。どこかで動物の声も聞こえます。このように想像しただけでも、心の安らぎが与えられるでしょう。

しかし、自然はやさしいだけではありません。大雨の後の洪水や崖崩れ、地震のときの災害など、人間の生活を脅かすこともあります。それでいて、人間は自然とともに生きていかなければなりません。だから、自然環境を観察していくことが大事なことになります。それが、環境問題を意識することにもつながり、人間の生存を考えることへとつながっていきます。

私たちがお魚を食べられるのは、漁師の人たちが命がけで海に出て、魚を捕ってきてくれるからです。お米や野菜は、農家の人たちが、寒い日も暑い日も、毎日田んぼや畑に出て育ててくれるからです。そこには、いつも自然と向き合った生活があります。その自然に触れることで、私たちが当たり前になってしまっていることに、もう一度気づかせてくれるのです。

なんでもお金で買えるという時代は、終わったと思います。たとえ無駄のように思えても、人間が生きていくうえで必要だと思われるもの、残さなければいけないと考えられるものは、大事にしていきたいものです。

子どもは家庭のなかの子どもであり、学校のなかの子どもであり、社会のなかの子どもです。私が生活目標に掲げた視点からとらえれば、子どもを育てるということは、自然へのまなざしを大切にすることなのだ、ともいえるのです。

家族旅行を大切に

どこの家庭でも旅行をすると思います。長期の休み前になると、生徒から学割の申請が多くなります。各家庭からの申請理由に「観光旅行」と書かれていることが多いのです。もちろん、観光もいいでしょうが、子どもには、観光ではなく、社会見学をさせてほしいものです。この家族旅行をどのように行うかが、子どもの教育にとって大事だからです。たとえば、5月の連休に旅行をしようということになりました、さあどこへ行きましょうか。このときに、お父さんやお母さんが行き先を決めてしまってはいませんか。まずここから改めてください。どこへ行きたいかは、子どもにも聞いてほしいのです。

子どもにとって、家族旅行は社会を知る絶好のチャンスになります。本で読んだり、テレビで見たり、友だちから聞いたりした場所で、きっと行きたいところがあるでしょう。行きたい場所をみなで相談して決めてください。そして決まったら、スケジュールを立てていきます。このときも、子どもの考えを聞きながら計画をしてください。家族旅行に、子どもを参加させて、子どもに見合った役割を分担してほしいのです。子どもが旅行のお客さんにならないようにです。

交通手段は、お父さんの運転する自家用車で、ということが多いでしょうが、できれば電車やバスに乗ってでかける計画もしてください。電車も急行ばかりではなく、各駅停車の電車に乗ってみてください。車窓からの風景のなかに、人々の暮らしが見てとれるでしょう。それぞれの土地には、さまざまな生活のスタイルがあり、都心では見ることのできなくなった建物や自然を目にすることもあります。

電車の行く先には一つひとつの駅があり、それぞれの駅が人々の暮らしを支えています。浅野学園は「各駅停車」の教育を謳っていますが、急行に乗っていては見過ごしてしまいがちなこと、教育でいえば基礎基本を大事にして、いろいろなことを見たり聞いたり、考えたりすることを大切にすることを「各駅停車」の言葉で示しているのです。

家族旅行では、お母さんがお弁当をつくってくれたり、身の周りのことを気遣ってくれます。お父さんは、観光地やホテルなどで係りの人との交渉ごとをします。観光地でどこへ行けばお目当ての名所旧跡に辿《たど》りつけるのか。お父さんと地図を広げてコースをつくることもできるでしょう。ここで、母親の役割と父親の役割ができてきます。それを子どもは、肌で感じ取っていくのです。

旅行から帰ってきたら、何が楽しかったのかを話し合ってみましょう。子どもは、自分が計画にかかわり、それぞれの場所で印象に残る出来事を体験したならば、必ず感想をもっているはずです。それを聞いてあげることが、一番重要なことです。自分たちで撮って来た写真や、パンフレットを見ながら、そのときのことを話し合ってみてください。子どもにとって、かけがえのない家族旅行になるに違いありません。そして、それこそが、育てる教育の活きたかたちといえましょう。

受験はゴールではありません

中学受験で、首都圏では2009年度の受験者数が5万人を超えたようです。中学校へは義務教育で公立学校があるのに、私立の中高一貫校への志望者が多くなっています。公立学校があるのに、なぜ私立学校を受験するのかといえば、私立校は建学の精神に基づいて創られているからといえるでしょう。

私立校にはさまざまなカリキュラムをもった学校があります。スポーツ選手に育てるため、音楽・美術が好きな人を育てるため、福祉関係で社会に貢献したいという人を育てるため、あるいは国際人を育てるなど、多様な学校があります。人を大切に育てる人間教育をしている学校もあります。そして、超難関大学に入りたいという人を対象として学習面を主体とした進学校もあります。

私は、学校選びとは、まさに自分探しだと思っています。まず、自分を見つめて、子どもに合った学校をいくつか見学させて、その学校に自分の子どもを育ててくれる土俵があるのかよく調べてみないといけません。そのうえで施設・設備、海外語学研修制度、カリキュラムや教科書とのかかわりからの大学合格実績を踏まえて、学校が子どもの指導をどのように行っているのかをつかむことが、学校選びだと思います。

Aという学校に入れなくても、それに似たBという学校でもいいのです。そのときの偏差値なんて関係ありません。これからの6年間を、入った学校でどれだけ自分を育てるための学校生活を送れるかがいちばん重要なのです。難関中学を希望受験して、もし落ちても失敗だったと思わないことです。受験の結果は、模擬試験とは違うのです。自分の思うようにはいかないのが当たり前、という発想をもって、子どもにかかわってください。

今は、偏差値で輪切りをして、成績でもって学校選びをして、目に見える材料で校舎がきれいだとか制服が格好いいだとか、センスがいいとかで学校選びをしている状況があります。これでは、子育てにはならないし、受験の真の意味が隠れてしまっています。受験は次のステージへのスタートであって、ゴールではありません。

受験する子どもたちは、5校や6校を併願しています。全部に受かる子どももいるかもしれません。でも、不合格の学校があっても、そのときの言葉かけを大事にしてください。失敗したときの言葉がけこそが、受験が人育てにつながっているのだと、私は常に考えています。

いい成績をとっている生徒を分析すると、親とのかかわりがいいという共通項があります。それは、いい躾《しつけ》をされているということと、子どもの自主性をうまく尊重しているということです。そして、基礎学力を定着させている、学習習慣づけがされているということです。今の多様な社会に臨機応変に対応ができるようなかかわりがなされているということです。

あとがき

長期の休みを利用してこつこつとまとめたのが本書ですから、書きあげるのに長い年月がかかりました。しかし、「元気で生活力のある子どもを育てるために」という思いが原稿を書かせてくれました。その間、社会評論社の方々や卒業生のご父母などから、原稿をまとめるために必要な情報や原稿のまとめ方、さらには本の題名などについても、いろいろこまやかな指導をいただきました。とくに編集をしてくださった鵜飼清氏にはお世話になりました。

「浅野總一郎翁から学ぶ」というＰａｒｔⅢでは、新田純子先生のご協力をいただきました。ご承知のように先生は、『飛蝶』で中央公論女流新人賞を受賞され、浅野總一郎については、すでに『その男、はかりしれず』『九転十起の男』を執筆されています。さらに一昨年には、『九転十起の男』を原作とした映画も注目をあびています。今年、横浜市の開港１５０年記念事業にも担当者としてかかわり、お忙しいにもかかわらず、私の原稿に目を通してくださり、貴重なアドバイスをいただきました。新田先生は、總一郎翁の資料をたくさん収集されており、今その資料を整理している最中だそうです。

そして、西野真夫先生の「浅野総一郎とその時代」というご研究も参考にさせていただきました。

總一郎翁は、浅野学園の建学の精神として、90年におよぶ学園の歴史に現在も脈々と流れる活きた人物です。

私が總一郎翁について触れることは僭越《せんえつ》なことですが、翁の生き方は、私たち現代人の生活にも教訓として知っておく必要があるのではないかとの思いから、先生がたの協力を得てまとめさせていただきました。

原稿を書いていると欲張りになって、あれもこれもと内容がどんどん増えていきました。ですからいつまで経っても、終わりが見えません。それだけ、子育てというものは、多様で正解がないということです。本論にも触れているので重なるところがあるかもしれませんが、最後に、子育てについて少しまとめができたらと思います。

まず、学校については、「面倒見のいい学校」ということがよくいわれています。家庭でも子どもが少なくなり、子どもの面倒をよく見る傾向にあります。その延長で、学校にも面倒見のいい点が要求されるのだと思います。しかし、それは、家庭や学校がなんでも用意して子どもに失敗させない、子どもを転ばせないということではありません。

子どもの自立を考えた場合、子ども自身が自分で抱える葛藤や試練を乗り越えるとき、周りにいる人たちが子どもを見守り、支援して達成させる。その結果として、子どもの強さとたくましさを育むことが、子どものための面倒見ではないでしょうか。自分自身でどうしたらよいか、自己の課題に気づかせ、自分で考え、行動できるように支援してあげることが面倒見だと思います。

また、子どもは、小学校に入学以来毎日勉強をしています。しかし、なんのために勉強するのか、学びの意味、学習の目的を考えずに授業を受けている児童や生徒が多くなっているように思います。とりわけ、上級学年に上がると教科の内容がむずかしくなり、それに伴って勉強時間を増やしていかなければ点数がとれなくなり、それが不得意科目になってしまうことが往々にしてあります。不得意科目はそのうちできない科目になり、自己の可能性を狭めてしまうことがあります。

学びの意味は、将来、自分の夢や目標を実現するために自分磨きをしていることにあるのです。先にいって、自分の夢や目標に気づいて、その道に進もうとしたとき、不得意科目が多くて自己の希望する進路に進めないという人はいないでしょうか。賢い子どもは、小学生の上級学年で、すでに自分の夢を達成するための勉強と認識して各教科の学習に耐えています。学びの目的が頭にあると、勉強にも身が入り、集中力もでてくるのです。教科の勉強をさせながら、将来の展望も家庭での話題にしていただきたいと思います。

子どもたちのなかには、試験の点数にこだわる傾向が見られます。試験とはなんでしょうか。毎日勉強したものが、どれだけ身についているか、そのチェックではありませんか。ひとつの試験で満点をとっても、試験問題が変わると点数が変わるのです。

試験は、満点をとることが目的ではなく、日頃の勉強でできるところとできないところをチェックするものです。わかるものとわからないところをはっきりさせ、そこを丹念にわかるようにする、それが勉強するということなのです。子どもを萎縮させないためにも、とくにお母さん方に考えてほしいところです。

そして、かわいい子には、大いに体験をさせてください。最近は、かわいい子には何もさせず、お客さんのように育てている家庭が増えているようです。子どもの成長にとっての体験は、大切な教育の要素です。学校でも、高いお金を出して多くの学校行事を行っているではありませんか。

学校行事は、観光ではありません。子どもの自主性や仲間との協調性、多くの人とかかわって社会性の鍛練をしたり、ときに達成感を味わったりという役割があるのです。こうした体験によって、自己のもっている知識の確認をしたり、ものごとを行うための知恵を身につけるのです。繰り返しますがかわいい子には、体験を。

子どもを元気に育てるためには、まだまだお話ししたいことがありますが、子育てには親だけがかかわるものではありません。人は多くの人に支えられて育てられているということです。だからこそ、親は、子どもが元気に生活できるよう、わが子を支えてあげてください。まずは、「目をかけ、声をかけ、心をかけること」が大切なのです。

2009年5月

淡路雅夫

参考資料

『回想』浅野学園創立40周年記念誌【創立者の挨拶は、第六期生の佐藤頼三郎氏の書かれた文章からの抜粋】

『打越の丘』浅野学園50周年記念誌

『浅野学園60年史』編集・浅野学園60年史編集委員会、発行者・浅野学園　石山延雄

『九転十起の男――日本の近代をつくった浅野総一郎』新田純子著、発行所・毎日ワンズ

『その男、はかりしれず――日本の近代をつくった男　浅野総一郎伝』新田純子著、発行所・サンマーク出版

『浅野総一郎』浅野泰治郎、浅野良三著、発行所・浅野文庫

『青少年赤十字ハンドブック高校生』編集・日本赤十字社、発行所・株式会社日赤会館

『中村春二　大正自由教育の旗手』みやぞえ郁雄著、発行所・小学館

著者略歴

淡路雅夫（あわじ・まさお）

１９４４年、神奈川県に生まれる。浅野中学・高等学校を卒業後、國學院大學、同大学院、同日本文化研究所で、家族問題を法社会学、民俗学、民族学的見地から考察。１９７０年に浅野中学・高等学校に勤務。その後も漁業家族の法社会学的調査を続け、家族問題の研究を継続。一方、子どもと親のかかわりについての考察を続け、長年にわたって子どもの発達、青少年の自立のためのボランティア活動や研修指導にも従事。授業は、「政治・経済」「現代社会」を中心に、現在は、「総合的学習」を通して、キャリアデザインの指導にあたっている。１９９９年に浅野中学・高等学校の教頭に、２００２年４月からは同校校長に就任。２００６年に神奈川県高等学校文化連盟副会長に就任。２００８年神奈川県私立学校教育功労者として表彰を受ける。２００９年に横浜市生徒指導部会副会長に就任。現在に至る。

著書『児童福祉概論』（八千代出版）『農村と国際結婚』（日本評論社・共同執筆）『大辞泉』（小学館・共同執筆）。

主な論文「漁業社会の法社会学的研究（上）（下）」「漁業社会における婚姻の性格」「児童福祉の基本的問題」「農業後継者の婚姻問題」「家庭科の男女共修のための課題について」等。

人に育てられて生きる
——社会が子どもの学校だ

発　行　二〇〇九年六月十五日　初版第一刷発行
著　者　淡路　雅夫
発行者　松田　健二
発行所　株式会社 社会評論社
〒一一三—〇〇三三
東京都文京区本郷二—三—一〇
電　話〇三—三八一四—三八六一
FAX〇三—三八一八—二八〇八
http://www.shahyo.com
編　集　鵜飼　清
制　作　パピルスあい
カバーデザイン　児玉清彦デザイン事務所
印刷所　株式会社　技秀堂